Ganz kurz ein paar Hinweise:

Bitte lesen Sie primär nur den italienischen Text
auf der Hauptzeile.
Bei Unklarheiten springen Sie runter
zur Übersetzungszeile.
Nicht die Übersetzungszeile im Fluss lesen!

Punktiert unterstrichene Wörter gehören zusammen.

Eine Zahl 1... zeigt an, dass zu dem Wort noch
ein zweites Wort ...1 dazugehört.

Text in eckigen Klammern [ ] = Anmerkung des Übersetzers.

Da ein Wort mehrere Bedeutungen haben kann, gilt:
Es ist diejenige Bedeutung angegeben, die das Wort
im vorliegenden Zusammenhang hat
(mit Tendenz zur Hauptbedeutung).

In Grenzfällen wurde die Praxisnähe bevorzugt
gegenüber wissenschaftlicher Genauigkeit.

Bibliografische Information der Deutschen Nationalbibliothek:

Die Deutsche Nationalbibliothek verzeichnet diese Publikation
in der Deutschen Nationalbibliografie.

Detaillierte bibliografische Daten sind im Internet abrufbar
über http://dnb.d-nb.de

Grazia Deledda/Alessia Valdarno:
Una notte spaventosa/Die schreckliche Nacht
Lektüre zweisprachig, Italienisch/Deutsch
WÖRTLICH ÜBERSETZT – jedes Wort einzeln –
auf eingefügter Zwischenzeile

Lesespaß ohne lästiges Nachschlagen!

Übersetzerin: Alessia Valdarno
Herausgeber: Harald Holder
Die Texte wurden an einigen Stellen behutsam dem Zweck angepasst.

ISBN: 978 – 3 – 94 33 94 – 21 – 4

Copyright Harald Holder 2013
Harald Holder Verlag, Augsburg

Druck und Bindung: Books on Demand GmbH, Norderstedt
Printed in Germany

www.holder-augsburg-zweisprachig.de

Indice
Inhaltsverzeichnis

Una notte spaventosa
Eine   Nacht   schreckliche

Potevano essere le undici   quando la piccola Gabina si svegliò nel
Konnten   sein   die elf [11 Uhr]   als   die   kleine   Gabina   [---] aufwachte   im

gran letto di legno della stanza di sopra, dove dormiva sempre con la
großen Bett aus Holz   aus dem Zimmer   von oben   wo   schlief   immer   mit der

sua mamma che le voleva tanto bene. Ma quella notte la mamma non
ihren   Mama   die sie   hatte   viel   gut   Aber   jene   Nacht die   Mama   nicht
volere bene = lieb haben

le stava di lato. Perché non c'era? Per quanto Gabina stendesse
ihr   war   zur Seite   Warum   nicht   da war   [hier:] so sehr   Gabina   ausstreckte

le sue manine da tutte le parti del gran letto di legno non poteva
die ihren Händchen nach allen   die Seiten des großen Bettes aus Holz   nicht   konnte

trovare la sua mamma. Solo le lenzuola fredde come il vento, solo i
finden   die ihre   Mama   Nur   die Laken   kalt   wie der Wind   nur   die

guanciali di cotone rosso; null'altro! Dove era dunque la mamma?
Kissen   aus Baumwolle roter   nichts anderes   Wo   war   also   die   Mama

Gabina si coricava e si levava sempre insieme a lei; mai s'era trovata
Gabina   sich hinlegte und sich aufstand   immer   zusammen mit ihr   nie sich hatte gefunden

sola in letto, così, nel gran letto freddo, nell'oscurità della notte
allein in Bett   so   im   großen Bett   kalten   in der Dunkelheit   der   Nacht

spaventosa. Quello era dunque un grande avvenimento per la piccina.
erschreckend   Jenes   war   also   ein großes   Ereignis   für   die Kleine

Mamma... mamma... – chiamò con un fil di voce. Ma nessuno
Mama   Mama   rief sie   mit einem Faden von Stimme Aber   keiner
con un filo di voce = flüsternd, hauchend

rispose.
antwortete

Fuori urlava il vento e la pioggia si sbatteva fragorosamente
Draußen lärmte der Wind und der Regen   sich   schlug   tosend

contro i   vetri   della piccola finestra. Senza di ciò Gabina si
gegen die [hier:] Scheiben des   kleinen   Fensters   Ohne das   Gabina   [---]

sarebbe forse riaddormentata, ma con quegli urli infernali, nella fonda
wäre   vielleicht   wieder eingeschlafen   aber mit   diesen Lauten höllischen   in der   tiefen

oscurità della cameretta solitaria, le era assolutamente impossibile
Dunkelheit von dem Zimmerchen einsamen   ihr war [es]   absolut   unmöglich

calmarsi e riprendere sonno. Temeva tutti i fantasmi
beruhigen sich und wiederaufnehmen Schlaf   Fürchtete   alle   die   Geister

immaginabili: la morte, i vampiri, il padre dei venti, le fate nere   e
vorstellbaren   den Tod   die Vampire der Vater   der Winde   die Feen schwarzen und

l' orco,   tutti... tutti...– Mamma... mamma?... – ripeté   a voce
das Ungeheuer   alle   alle   Mama   Mama   wiederholte sie mit Stimme

alta   mettendosi a sedere sul letto. — Mamma, mamma?... Rimase
[hier:] lauter sich setzend ins Sitzen auf das Bett Mama   Mama   Blieb

così quasi un quarto d'ora,   alzando sempre più la voce, abituandosi
so fast ein Viertel der Stunde hebend immer mehr die Stimme sich gewöhnend

al   buio e al fragore del vento. E siccome la madre non
an die Dunkelheit und an den Lärm des Windes Und weil die Mutter nicht

rispondeva mai, Gabina pensò di   vestirsi e scendere in cucina
antwortete nie Gabina dachte [hier:]daran sich anziehen und hinabgehen in Küche

per cercarla.
um sie suchen

Veramente era la mamma a vestirla ogni mattina perché
Eigentlich war es die Mama zu sie anziehen jeden Morgen weil

lei, così piccola, non riusciva ancora infilarsi   la camicetta
sie so klein   nicht schaffte noch sich überstreifen das Blüschen

nera dalle maniche strette; ma poco importava... purché ritrovasse la
schwarze mit den Ärmeln engen aber wenig interessierte wenn nur wiederfand das

gonnellina.   La lasciava sempre sulla sedia ai piedi del letto:
Röckchen [Sie] es ließ immer auf dem Stuhl an den Füßen des Bettes

dunque bisognava scendere per ritrovarla. Scendere?... Scendere
also   musste man aussteigen um es wiederzufinden Aussteigen aussteigen

all'oscuro, a piedi nudi, con quella notte, scendere da letto, sola?...
im Dunkeln mit Füßen nackt mit jener Nacht aussteigen aus Bett alleine

Ci voleva proprio un gran coraggio, e Gabina, che tremava forte di
Man brauchte wirklich einen großen Mut und Gabina die zitterte stark vor

freddo e di paura, esitò a lungo. Ma rimanere a letto senza la mamma
Kälte und vor Angst zögerte lange Aber bleiben im Bett ohne die Mama

non le conveniva!
nicht ihr passte

Il vento urlava sempre più fragoroso; in breve sarebbe penetrato nella
Der Wind dröhnte immer mehr tosend bald wäre eingedrungen in das

camera e avrebbe divorato la testa a Gabina... Dunque giù! Scese
Zimmer und hätte verschlungen den Kopf von Gabina Also runter Stieg aus

e mandò un urlo. Il suo piedino aveva incontrato qualcosa di duro,
und schickte einen Schrei Das ihr Füßchen hattte getroffen auf etwas [...] Hartes

di freddo, di deforme che certo non era il suolo di tavole levigate dal
[...] Kaltes [...] Unförmiges das sicherlich nicht war der Boden aus Platten geglättet von der

tempo... Un rospo, un vampiro forse? – Mamma mia... mamma mia!...
Zeit   Eine Kröte ein Vampier vielleicht Mama meine Mama meine

Mamma mia = Ach, du meine Güte!

gridò la piccina a squarciagola, cercando invano di risalire   sul
schrie die Kleine aus vollem Hals versuchend umsonst [---] wieder einsteigen ins

letto; ma alla fine, visto che il vampiro non si muoveva e che la
Bett aber am Ende da der Vampier nicht sich bewegte und da die

mamma continuava a non rispondere,   si chinò e s'assicurò che
Mama   weiterhin   [...] nicht antwortete   [sie] sich beugte und sich versicherte dass

quella era una scarpa vecchia   uscita   per caso da sotto il letto.
jenes war ein Schuh   alter   rausgekommen durch Zufall von unter dem Bett

Un sorriso le sfiorò le labbra e quella prima avventura le infuse molto
Ein Lächeln ihr berührte die Lippen und jenes   erste   Abenteuer   ihr einflößte viel

coraggio, sicché, risoluta di   non   temer più nulla per i
Mut   so dass   entschlossen [---] nicht im Geringsten1... befürchten mehr ...1   für die

piedini, avanzò appoggiandosi alla sponda del letto. Ma laggiù, non
Füßchen schritt voran   sich abstützend   auf dem   Rand des Betts Aber da unten nicht

trovò la sedia con le sue vesti;   cominciò a stizzirsi e a imprecare;
fand   den Stuhl   mit den ihren Anziehsachen begann   zu sich ärgern und zu   fluchen

perché dovete   sapere che non era un modello di educazione, e
weil   müsst ihr   wissen dass nicht war ein   Beispiel an Erziehung   und

nominava con disinvoltura tutti i diavoli dell'inferno, come   li udiva
nannte   mit Unverfrorenheit alle die Teufel   der   Hölle   wie [sie] sie hörte

dal nonno, e dagli   zii e un po' anche dalla mamma. Dove diavolo
vom Opa   und von den Onkeln und ein wenig auch   von der   Mama   Wo   zum Teufel

dunque stavano i suoi   vestiti?   Le aveva presi il demonio? Alla
also   waren   die ihre Anziehsachen Sie hatte   geholt der Teufel   Zur

galera la notte e chi l'aveva inventata!
Galeere die Nacht und wer sie hatte   erfunden

Alla galera ... = zum Henker mit ...

Ma   le scordò un momento e ricominciò a tremare così forte che i
Aber [sie] sie vergaß einen Moment und begann wieder zu zittern   so   sehr   dass die

dentini pareva volessero spazzarsele. In un intervallo silenzioso del
Zähnchen schienen   wollten   sich verdrücken In einer   Pause   stillen   des

vento e della pioggia aveva sentito strani rumori   salire dalla cucina e
Windes und des   Regens   hatte sie gehört seltsame Geräusche aufsteigen von der Küche und

voci umane più tetre e spaventose dei gridi del maiale. Che
Stimmen menschliche mehr finster und erschreckend der Schreie des Schweins Was

avveniva in cucina? Dio mio, Dio mio, e la mamma sua? C'erano
geschah in Küche Gott mein Gott mein und die Mama ihre Waren da

forse i ladri o i diavoli? E il nonno e gli zii mancavano da tre
vielleicht die Räuber oder die Teufel Und der Opa   und die Onkel fehlten   seit drei

giorni e non c'era nessuno che potesse difendere la mamma, la povera
Tagen und nicht gab es niemanden der   konnte   verteidigen die Mama   die arme

mamma sua!
Mamma   ihre

La curiosità si unì alla paura, e Gabina si   rimise a cercare la sua
Die Neugierde sich vereinte mit Angst und Gabina sich wieder anfing zu suchen das ihre

gonnellina, urtando nelle sedie e tutti i poveri mobili della camera
Röckchen   stoßend in die Stühle und all die armen Möbel des   Zimmers

oscura. Riuscì finalmente a trovarla e la indossò a stento, ma
dunklen Sie schaffte schließlich zu es finden und es anzog mit Mühe aber

quando tutto pareva fatto un altro ostacolo si interpose al disegno
als alles schien getan ein anderes Hindernis sich in den Weg stellte dem [hier:] Plan

della piccina. La porta che dava sulla scala era chiusa a chiave dal
der Kleinen Die Tür die ging auf die Treppe war geschlossen mit Schlüssel von

chiuso a chiave = abgeschlossen

di fuori, per quanti sforzi facesse non poté aprirla, e il silenzio
dem Außen für wie viele Anstrengungen sie machte nicht konnte sie öffnen und die Stille

orrendo della mamma continuò quando si rimise a chiamarla,
fürchterliche der Mama ging weiter als [sie] [---] wieder anfing zu sie rufen

scuotendo la porta con fracasso. Ritornò verso il letto, disperata, e
rüttelnd die Tür mit Lärm Sie ging zurück zu dem Bett verzweifelt und

nascosto il volto fra le lenzuola in disordine si mise a piangere,
versteckt das Gesicht zwischen den Laken in Unordnung sich [hier:] anfing zu weinen

ma a un tratto si ricordò che nella stanza attigua v'era un poggiolo di
aber an einem Punkt sich erinnerte dass in dem Zimmer nebenan gab es einen Balkon aus

pietre, d'onde, per una scaletta esterna si scendeva al cortile, e sotto
Stein von wo über ein Treppchen äußeres man hinabging in den Hof und unter

cui si apriva appunto la vecchia porta della cucina.
der [Tür] sich öffnete genau die alte Tür der Küche

La pioggia e il vento continuavano, ma Gabina era decisa a tutto:
Der Regen und der Wind dauerten an aber Gabina war entschlossen zu allem

Entrò nella camera vicina, aprì il poggiolo e scese, sfidando
Sie trat ein in das Zimmer nebenan öffnete den Balkon und ging hinunter herausfordernd

l' acqua che veniva giù furiosa dal cielo basso di piombo, e il
das Wasser das kam herunter heftig von dem Himmel niedrigen aus Blei und der

cielo di piombo = pechschwarzer Himmel

vento gelato che imperversava nella notte. Tremava come una foglia,
WInd eiskalte der wütete in der Nacht Sie zitterte wie ein Blatt

Tremare come una foglia = zittern wie Espenlaub

ma aveva completamente scordato i fantasmi e i vampiri.
aber hatte vollkommen vergessen die Geister und die Vampire

Un' angoscia indicibile le stringeva il cuoricino e un presentimento
Eine Beklemmung unaussprechbare ihr umklammerte das Herzlein und eine Vorahnung

orribile, superiore alla sua età, le diceva che giù in cucina doveva
schreckliche überdurchschnittlich für ihr Alter ihr sagte dass unten in Küche musste

accadere qualche cosa. Oh, quelle voci che aveva sentito!... In un
geschehen etwas Oh jene Stimmen die sie hatte gehört In einem

attimo fu sotto la scala, al coperto della pioggia, davanti alla porta
Augenblick sie war unter der Treppe geschützt vor dem Regen vor der Tür

della cucina. Anche questa era chiusa, ma Gabina non picchiò per
von der Küche Auch diese war verschlossen aber Gabina nicht [hier:] klopfte um

farsela aprire, benché vedesse il bagliore del fuoco acceso nel
sie sich lassen öffnen obwohl sah den Schein des Feuers brennenden in dem

focolare, attraverso la grande fenditura che rigava dall'alto in basso
Herd durch den großen Spalt der [hier:] sich zog von oben nach unten

la porta. Si accoccolò per terra e sbirció dalla fenditura.
die Tür Sich kauerte auf den Boden und blickte durch den Spalt

Non temeva più, ma non voleva entrare in cucina perché la mamma
Nicht befürchtete mehr aber nicht wollte eintreten in Küche weil die Mama

l'avrebbe certamente picchiata. Il nonno e gli zii – tre uomini alti,
sie hätte sicherlich geschlagen Der Opa und die Onkel drei Männer große

robusti, bruni, il cui costume consunto e sporco rivelava una
kräftige braunhaarige deren [hier:] Kleidung abgenutzte und dreckige offenbarte ein

misera esistenza di lavoro continuo e faticoso, i cui occhi
elendes Dasein [hier:] bestehend aus Arbeit ständiger und anstrengender deren Augen

cupi e profondi narravano la triste storia di anime ignoranti non
finsteren und tiefliegenden erzählten die traurige Geschichte von Seelen unwissenden nicht

avvilite dalla povertà, ma turbinate da passioni tetre, ardenti e
gedemütigt von der Armut aber aufgewühlt von Leidenschaften düsteren brennenden und

dolorose – erano tornati e stavano seduti intorno al focolare.
schmerzhaften waren wiedergekehrt und saßen um herum das Feuer

La mamma di Gabina, Simona, giovane, bella, di quella strana
Die Mama von Gabina Simona jung schön von jener ungewöhnlichen

bellezza araba che si incontra in molte donne sarde, e che ricorda
Schönheit arabischen die man trifft in vielen Frauen aus Sardinien und die erinnert

i saraceni dominatori e devastatori dell'isola nel IX e X secolo,
an die Sarazenen Herrscher und Zerstörer der Insel im 9. und 10. Jahrhundert

rimaneva un po' nell'ombra, seduta per terra, le mani incrociate sulle
blieb ein wenig im Schatten sitzend auf dem Boden die Hände verschränkt auf den

ginocchia, scalza e in maniche di camicia, larghe maniche
Knien barfuß und hemdsärmelig weite Ärmel

all' orientale, strette sui polsi e increspate negli omeri
im orientalischen [Stil] eng an den Handgelenken und gekräuselt in den Schultern

eleganti. Mai Gabina aveva visto sua madre così pallida e cupa, sua
eleganten Nie Gabina hatte gesehen ihre Mutter so blass und finster ihre

madre che pure era sempre smorta e triste in viso, mai aveva visto i
Mutter die sogar war immer farblos und traurig im Gesicht nie hatte gesehen die

suoi occhi neri brillare così stranamente. Sotto il fazzoletto nero
ihren Augen schwarzen glänzen so seltsam Unter dem [hier:] Kopftuch schwarzen

calato sulla fronte il volto di Simona assumeva tinte cadaveriche, i
gesenkt auf die Stirn das Gesicht von Simona annahm Farben leichenhafte die

lineamenti finissimi e immobili stirati da una tetra e spaventosa
Gesichtszüge äußerst feinen und unbeweglichen gestreckt von einer düsteren und erschreckenden

serietà, gli occhi illuminati da un riflesso di odio e di angoscia.
Ernsthaftigkeit die Augen erleuchtet von einer Spiegelung von Hass und von Beklemmung

Ma chi attrasse l' attenzione di Gabina, e la costrinse a
Aber wer anzog die Aufmerksamkeit von Gabina und sie zwang zu

rimanersene fuori, fu la vista di un estraneo, seduto anch'esso vicino
sich bleiben draußen war die Sicht von einem Fremden sitzend auch er neben

al focolare, legato solidamente con una corda alla vecchia
dem Herd festgebunden sicher mit einer Schnur an den alten

sedia che ornava da sola la cucina, una sedia grossolana che restava
Stuhl der schmückte von allein die Küche ein Stuhl grober der blieb

sempre in un angolo, non toccata da nessuno, ma spesso guardata
immer in einer Ecke nicht berührt von niemanden aber häufig angeschaut

cupamente da Simona. Gabina non aveva mai, prima d'allora veduto il
finster von Simona Gabina nicht hatte nie zuvor gesehen das

volto dell'estraneo che pure indossava il costume del villaggio,
Gesicht des Fremden der auch trug die [hier:] Kleidung des Dorfes

guardandolo curiosamente, chiedendosi chi fosse e perché
prüfend ihn neugierig sich fragend wer sei und wieso

fosse lì, legato, nel mezzo della notte. Era un bell' uomo sulla
sei dort festgebunden in der Mitte der Nacht War ein schöner Mann [hier:] um die

quarantina, i capelli di un biondo rossastro ondeggianti sull' ampia
vierzieg die Haare von einem blond rötlichen gewellt auf dem weiten

fronte abbronzata, gli occhi grigi acutissimi, e con una magnifica
[hier:] Gesicht gebräunten die Augen grauen sehr scharfen und mit einem großartigen

barba rossa cadente sul petto. Un' atroce espressione di spasimo gli
Bart roten fallend auf Brust Ein entsetzlicher Ausdruck von Qual ihm

sconvolgeva tutto il volto e sulla fronte gli brillavano, al riflesso
[hier:] verzerrte ganze das Gesicht und auf dem [hier:] Gesicht ihm glänzte im Schein

del fuoco, grosse goccie di sudore, ma non era pallido come gli altri e
des Feuers große Tropfen von Schweiß aber nicht war blass wie die anderen und

specialmente come Simona.
besonders wie Simona

Gabina certamente non percepì tutti questi particolari, ma comprese
Gabina sicherlich nicht wahrnahm alle diese Details aber verstand

benissimo che là dentro – nella cucina nera illuminata dal fuoco e
sehr gut dass dort drinnen in der Küche schwarzen erhellt von dem Feuer und

da una specie di lampada a quattro becchi, di latta annerita dal
von einer Art von Lampe mit vier Schnäbeln aus Blech geschwärzt von dem

fumo del lucignolo, posta sul forno e che andava spegnendo –
Rauch des Dochts [die] stand auf dem Herd und die dabei war auszugehen

accadeva qualche cosa di misterioso, di straordinario; e incapace di
geschah etwas [---] Geheimnisvolles [---] Außergewöhnliches und unfähig zu

darsi una qualsiasi spiegazione, rimaneva muta, immobile dietro la
sich geben eine jegliche Erklärung blieb stumm still hinter der

porta, la fronte incastonata sulla fenditura, gli occhioni grigi, – che
Tür die Stirn eingefasst auf die Spalte die großen Augen grauen die

rassomigliavano assai a quelli dell'uomo legato alla sedia, –
ähnelten sehr an die des Mannes festgebunden an den Stuhl

spalancati e avidi.
weit aufgerissen und gierig

La piccina tremava di nuovo – svanita la curiosità, la paura
Die Kleine zitterte erneut verschwunden die Neugierde die Angst

angosciosa di prima le gravava nuovamente sul cuore – e si
beklemmende von vorhin ihr wog erneut auf dem Herzen und sich

domandava se tutto non fosse un brutto sogno. Gelidi soffi di
fragte ob alles nicht sei ein schlechter Traum Eiskalte Stöße von

vento le percuotevano le spalle mal coperte; i suoi piedini, le sue
Wind ihr schüttelten die Schultern schlecht bedeckten die ihre Füßchen die ihre

mani, tutta la sua personcina oramai erano coperte di neve, e l' acqua
Hände all die ihre kleine Person mittlerweile waren bedeckt mit Schnee und das Wasser

che invadeva il cortile saliva, saliva, ingrossata sempre più dalla
das eindrang in den Hof stieg stieg angeschwollen immer mehr von dem

pioggia furiosa. Ben presto l' avrebbe costretta a fuggire od a
Regen heftigen [hier:] sehr bald er[Regen] sie hätte gezwungen zu fliehen oder zu

farsi aprire la porta, ma lei non se ne accorgeva. Provava tanto
sich lassen öffnen die Tür aber sie nicht sich das bemerkte Fühlte so viel

freddo che sentiva una pazza voglia di piangere, eppure non si
Kälte das fühlte eine verrückte Lust zu weinen und trotzdem nicht sich

muoveva... Un nodo le serrava la gola, e più d'una volta dei
bewegte Ein Knoten ihr schnürte zu die Kehle und mehr als einmal einige

singhiozzi aridi, spasmodici, le contorcevano le labbra rese livide
Schluchzer trockene krampfhafte ihr verzerrten die Lippen gemacht bläulich

dal freddo e dallo spavento. Perché ciò che vedeva, ciò che sentiva,
von der Kälte und von dem Schrecken Weil das was sie sah das was sie hörte

era una scena così terribile che avrebbe atterrito qualunque uomo,
war eine Szene so schrecklich das hätte erschrocken jeden Mann

nonché lei, debole animuccia di appena nove anni...
erst recht sie schwache kleine Seele von knapp neun Jahren

– Elias, Elias! – esclamava il padre di Simona. – È inutile che tu urli
Elias Elias rief aus der Vater von Simona Es ist unnütz dass du schreist

10

chiedendo aiuto. Nessuno verrà, e il vento nasconde il tuo
fragend nach Hilfe Niemand wird kommen und der Wind versteckt den deinen

grido. Nessuno verrà! Tu devi morire lì, legato alla sedia dove ti
Schrei Niemand wird kommen Du musst sterben dort gefesselt an den Stuhl wo dich

assidevi ogni notte, dieci anni fa, ti ricordi, miserabile? Ogni notte...
hinsetztest jede Nacht seit zehn Jahren dich erinnerst Elender jede Nacht

in qualità di fidanzato leale ed onesto!... Con la sedia che
in Eigenschaft als Verlobter aufrichtiger und ehrlicher Mit dem Stuhl den

abbiamo gelosamente conservato per dieci anni... che ti aspettava...
wir haben [hier:] sorgfältig aufbewahrt für zehn Jahre der dich erwartete

che getteremo sul fuoco intrisa del tuo sangue, vigliacco...
den wir werden werfen ins Feuer triefend von deinem Blut Schuft

– Difenditi! – diceva cupamente Simona. – Se non ci dai una sola
Verteidige dich sagte finster Simona Wenn nicht uns gibst eine einzige

scusa, almeno una, del tuo vile procedere, la tua morte sarà
Entschuldigung zumindest eine [hier:]für dein feiges Vorgehen der dein Tod wird sein

orribile! Difenditi! Scusati, e con una fucilata tutto sarà finito.
grausam Verteidige dich Entschuldige dich und mit einem Gewehrschuss alles wird sein zu Ende

Se no, guai a te!...
Wenn nicht wehe dir

– E sei tu che parli così?... – rispose Elias. – Tu donna, tu che mi
Und es bist du die redet so antwortete Elias Du Frau du die mir

dimostravi la bontà in persona? Tu?
zeigtest die Güte in Person Du

– T'odio! Tu mi hai disonorato; tu ch'eri il mio fidanzato, la vita mia,
Dich hasse Du mich hast entehrt du der war der mein Verlobter das Leben mein

mi hai tradita, mi hai perduta! Il dolore ha ucciso in me ogni
mich hast betrogen mich hast verloren Der Schmerz hat getötet in mir jedes

sentimento umano: t'odio, e da dieci anni non sogno che la
Gefühl menschliche dich hasse und seit zehn Jahren nichts träume als die

vendetta. E che cosa è, vigliacco, l'angoscia che tu provi stanotte
Rache Und was ist Schuft die Angst die du empfindest heute Nacht

in confronto di ciò che ho sofferto io? È odio, e sono stata io che ho
im Vergleich mit dem was habe erlitten ich Es ist Hass und es bin gewesen ich die hat

spronato i miei alla vendetta...
angetrieben die Meinen zur Rache

– Uccidetemi dunque!... – mormorò Elias. – Ma pensate che avete
Tötet mich also murmelte Elias Aber denkt daran dass ihr habt

una coscienza... un Dio...
ein Gewissen ein Gott

– Ci aggiusteremo noi con la nostra coscienza e con Dio! – esclamò
Wir werden einigen uns mit dem unseren Gewissen und mit Gott rief aus

Tanu, uno dei fratelli, con un sorriso crudele e feroce che lasciò
Tanu einer der Brüder mit einem Lächeln grausamen und wilden das ließ

vedere due file di denti bianchissimi, forti, da belva, scintillanti al
sehen zwei Reihen von Zähnen sehr weißen starken von Bestie blitzend im
lasciar vedere = zeigen

riflesso del fuoco.
Schein des Feuers

– La coscienza e Dio!... – saltò su Simona come una vipera. – Ne hai
Das Gewissen und Gott sprang auf Simona wie eine Viper Es hast

tu avuto coscienza, hai pensato a Dio tu?...
du gehabt Gewissen hast gedacht an Gott du

Elia chinò il capo. – In nome di nostra figlia... – disse.
Elias neigte den Kopf Im Namen von unserer Tochter sagte er

– Dunque sai che ho una figlia?...
Also weißt du dass ich habe eine Tochter

– Sì, lo so. Se vuoi io la legittimo. La porterò con me e un
Ja es weiß Wenn du willst ich sie anerkenne Sie werde nehmen mit mir und [hier:]eines

giorno sarà ricca, perché io lo sono diventato e con l' altra non
Tages sie wird sein reich weil ich es bin geworden und mit der anderen nicht

ho figli...
habe Kinder

– Come parli! – gridò Pietro, l' altro fratello. – Non hai dunque ancora
Wie redest du schrie Pietro der andere Bruder Nicht hast also noch

compreso che non uscirai di qui né vivo né morto?... –. E
verstanden dass nicht hinauskommen wirst von hier weder lebend noch tot Und

accarezzò lungamente la canna del fucile, che teneva sulle ginocchia,
streichelte entlang den Lauf des Gewehrs das hielt auf den Knien

dicendo con crudele lentezza: – Ti massacrerò io, io che ero il tuo
sagend mit grausamer Langsamkeit Dich werde massakrieren ich ich der war der dein

amico, io che ti ho introdotto nella nostra casa dove lasciasti la
Freund ich der dich habe eingeführt in das unsere Haus wo du ließest das

sventura e il disonore. Ti ucciderò io e ti porrò io sotto terra,
Unglück und die Schande Dich werde töten ich und dich werde legen ich unter Erde

triste serpente miserabile! Ah, con chi ti credevi tu? Con chi ti
traurige Schlange erbärmliche Ah mit wem dich dachtest du Mit wem dich

credevi? La nostra famiglia ha vendicato sempre le offese ricevute,
dachtest Die unsere Familie hat gerächt immer die Kränkungen erhaltenen

e noi, stanotte, noi che ti abbiamo cercato per dieci anni in tutti i
und wir heute Nacht wir die dich haben gesucht für zehn Jahre in allen den

villaggi della Barbagia, per i monti nevosi e per le
Dörfern von [Region auf Sardinien] [hier:] in den Bergen verschneiten und [hier:] in den

gole dirupate, noi laveremo col tuo sangue la macchia
[hier:] Schluchten schroffen wir werden waschen mit deinem Blut den Fleck

impressa   al   nostro nome.
aufgedrückt auf den unseren Namen

– Simona, Simona!... – mormorò il prigioniero volgendole, spaventato,
Simona   Simona   murmelte der Gefangene   ihr zuwendend   erschrocken

uno sguardo supplichevole. – Nostra figlia...
einen   Blick   flehenden   Unsere Tochter

– Taci,   non nominarla! È   il fiore   nato dalla colpa, ma   è   pura
Schweige,   nicht sie nennen Sie ist die Blume geboren aus der Schuld aber sie ist rein
| Nominarla = über sie reden |

come le   nevi del   Gennargentu! Tu la profani nominandola perché
wie   der Schnee des [Gebirge auf Sardinien] Du sie entweihst   nennend sie   weil

sei vile, perché sei infame! Tu le   sei nulla... Suo padre è Dio!...
du bist feige   weil du bist widerlich   Du für sie bist nichts   Ihr   Vater ist Gott

– Tu non le vuoi bene, Simona! Se   l' ami lasciami vivere!...
Du nicht sie wollen gut   Simona Wenn sie du liebst. lass mich   leben
| volere bene = lieb haben |

Un lampo brillò negli occhi foschi della donna.– Io adoro mia figlia e
Ein   Blitz   funkelte in den Augen düsteren der   Frau   Ich bete an meine Tochter und

vivo solo per lei. Se essa   sparisse   dalla mia esistenza tutto
lebe   nur   für sie Wenn sie verschwinden würde aus der meinen Existenz   alles

crollerebbe intorno a me e sarei la più sfortunata   fra   le donne.
würde einstürzen herum um mich und wäre die meist unglücklichste zwischen den Frauen

Se l' amo! La mia figlia! La povera figliolina mia! È tutto il mio
Ob sie ich liebe Die meine Tochter Das armes   Töchterlein mein Sie ist all die meine

amore, la mia felicità! Ma ti ripeto di non nominarla più. Il suo
Liebe   die meine Freude Aber dir wiederhole zu nicht sie nennen   wieder Die ihre

ricordo, nonché muovermi ad una pietà, impossibile in me dopo tutto
Erinnerung sowie   mich bewegt zu einem Mitleid unmöglich   in mir nach   all

ciò che è accaduto, accresce il   mio odio, la   mia sete di vendetta. E
dem was ist passiert   steigert den meinen Hass den meinen Durst nach Rache Und

non vedo l' ora   di saperti   sotto terra affinché, quando
nicht sehe die Stunde in der ich dich weiß unter Erde   sodass   wenn
| non vedere l'ora = es nicht erwarten können |

essa mi chiede di suo padre, io possa dirle, senza più arrossire: "È
sie mich fragt nach ihren Vater ich kann ihr sagen ohne   mehr rot zu werden Er ist

morto!...".
gestorben

Dunque è   deciso! – gridò Elias. – Uccidetemi dunque! Vedete che
Also   ist es entschlossen schrie Elias   Tötet mich   also   Seht   dass

sono pronto!   Saprò   morire perché non sono vile, come voi
ich bin bereit   Ich werde können sterben weil   nicht bin feige wie   ihr

credete, perché se   errai   non fu mia colpa, ma   del
denkt   weil   wenn ich einen Fehler begangen habe nicht war meine Schuld sondern des

13

caso e per volontà di Dio!
Zufalls und durch Wille von Gott

Uccidetemi!... – Uccidetemi!... – ripeté fuori il lugubre fischio del
Tötet mich Tötet mich wiederholte draußen das schaurige Pfeifen des

vento. I cinque personaggi di questa tetra tragedia rusticana
Windes Die fünf Personen von dieser finsteren Tragödie bäuerlichen

tacquero un momento. Una calma terribile segnava nei loro volti
schwiegen einen Moment Eine Stille furchtbare zeichnete sich ab in ihren Gesichtern

e il fuoco continuava a illuminare la scena con tinte sanguigne, e
und das Feuer fuhr fort zu erleuchten die Szene mit Farben blutigen und

funebri chiaroscuri; una scena degna del fosco Caravaggio.
düsteren Kontrasten eine Szene würdig des finsteren [Maler]

– Racconta dunque perché mi hai tradito, senza scusa alcuna, dopo
Erzähle also wieso mich hast betrogen ohne Entschuldigung jegliche nach

due anni di fervido amore! – disse alla fine Simona, sempre fissa nella
zwei Jahren von inbrünstiger Liebe sagte schließlich Simona immer fix in der

sua idea. – Se ti ricordi dovevamo sposarci subito perché io ero
ihren Idee Wenn dich erinnerst sollten wir uns heiraten sofort weil ich war

madre. Tu partisti con un cavallo carico di castagne, di formaggio e
Mutter Du gingest mit einem Pferd beladen mit Kastanien mit Käse und

di arnesi di legno che avresti venduto a Nuoro per comprarmi
mit Werkzeugen aus Holz die hättest verkauft in [Ortschaft] um mir zu kaufen

l' anello da sposa e i gioielli... Dovevi ritornare fra quattro o
den Ring der Braut und den Schmuck Musstest zurückkommen in vier oder

cinque giorni e mi lasciasti quasi piangendo... Sono trascorsi
fünf Tagen und mich hast zurückgelassen fast weinend Es sind vergangen

dieci anni, dieci anni di angoscia, di lacrime e d'odio, ma mi pare
zehn Jahre zehn Jahre der Beklemmung der Tränen und des Hasses aber mir scheint es

ieri... E non tornasti; e un mese dopo ti seppi sposo a una
gestern Und nicht wiederkehrtest und ein Monat danach dich wusste ich verheiratet mit einem

fanciulla di Fonni!... Racconta! Se hai una scusa, ti ripeto, ti
Mädchen aus [Ortschaft] Erzähle Wenn hast eine Entschuldigung dir wiederhole dich

uccideremo con una sola fucilata, altrimenti, come è vero Cristo,
werden umbringen mit einem einzigen Gewehrschuss ansonsten wie ist wahr Christus

come è vero che sei lì, legato, ti bruceremo vivo!...
wie ist wahr dass bist dort gefesselt dich werden verbrennen lebend

bruciare vivo = bei lebendigem Leib verbrennen

L' accento di Simona era così duro che un brivido d'orrore corse per
Der Tonfall von Simona war so hart dass ein Schreckensschauer lief über

tutto il corpo di Elias. Tuttavia, dissimulando, rispose freddamente:
ganzen den Körper von Elias Trotzdem das verheimlichend antwortete er kalt

14

– Non temo né il fuoco, né la palla; vi dirò come è
Nicht fürchte weder das Feuer noch die Kugel euch werde sagen wie ist

accaduto. Non fu mia colpa, vi dico, ma volontà di Dio!...
geschehen Nicht war es meine Schuld euch sage aber Wille von Gott

Sentite!... – E cominciò:– Sì, sono dieci anni e pare ieri! Io partii
Hört ihr Und fing an Ja es sind zehn Jahre und es scheint gestern ich reiste ab

pensando a te e disegnando la nostra vita futura... ma Dio volle
denkend an dich und mir ausmalend das unsere Leben zukünftige aber Gott wollte

altrimenti! Ero due ore distante da Fonni, dove contavo di passare
[es] anders Ich war zwei Stunden entfernt von [Ortschaft] wo ich beabsichtigte zu verbringen

la notte, per proseguire l'indomani il viaggio verso Nuoro, allorché
die Nacht um fortzusetzen [den] morgigen Tag die Reise nach [Ortschaft] als

cominciò a nevicare. Non ne feci caso, abituato com'ero a tutte le
es anfing zu schneien Nicht es beachtete gewohnt wie ich war an all das

intemperie del tempo, e proseguii per il sentiero dirupato, attraverso
schlechte Wetter und ich fuhr fort entlang des Weges schroffen durch

le gole dei monti, camminando a piedi davanti al mio
die [hier:]Schluchten der Berge gehend zu Fuß vor dem meinem

cavallino tanto carico. E cammina, cammina. Il vento mi batteva la
Pferdchen viel beladenen Und ging ging Der Wind mir schlug den

neve sul volto, appiccicandola alle mie vesti, alle mie mani,
Schnee auf das Gesicht ihn klebend an die meinen Kleider an die meinen Hände

persino alle ciglia e alle labbra. In breve il mio cappotto ne fu tutto
sogar an die Wimpern und an die Lippen In Kürze der meine Mantel damit war ganz

coperto, e le bisacce delle castagne e la groppa del cavallo, tutto,
bedeckt und die Satteltaschen der Kastanien und der Rücken des Pferdes alles

tutto ... Il sentiero sparve sotto la neve, ma io, che mi
alles Der Weg werschwand unter dem Schnee aber ich der sich

credevo pratico dei luoghi, proseguii senza turbarmi, in linea
glaubte zu kennen der Orte ging weiter ohne mich [daran] zu stören auf gerader

retta, gli occhi fissi sull'orizzonte dove di tanto in tanto credevo
Linie die Augen fix auf den Horizont wo von [hier:]Zeit zu [hier:] Zeit dachte

scorgere il profilo di Fonni. Il vento urlava pazzo per le montagne e
zu erkennen das Profil von [Ortschaft] Der Wind lärmte [wie] verrückt über die Berge und

la notte incombeva, ma la neve cadeva sempre... Cadeva sempre,
die Nacht brach herein aber der Schnee fiel immer Fiel immer

ammucchiandosi sui miei passi, e nessuna anima viva
sich häufend auf den meinen Schritten und keine Seele lebende

interrompeva la solitudine selvaggia dei monti. Solo noi, io che
unterbrach die Einsamkeit wilde der Berge Nur wir ich der

cominciavo a perdermi d'animo, bagnato fino alle ossa,
begann zu mich verlieren der Seele nass bis auf die Knochen

perdersi d'animo = den Mut verlieren

15

cominciando a credere d'essermi smarrito, giacché Fonni non
beginnend zu glauben zu mich sein verlaufen weil [Ortschaft] nicht

compariva più sul mio cammino, e il povero cavallo che tremava
erschien mehr auf meinem Weg und das arme Pferd das zitterte

tutto e non poteva più andare avanti. La neve ingrossava; per ogni
ganz und nicht konnte mehr gehen weiter Der Schnee wurde dichter für jeden

passo occorreva un quarto d' ora, e le tenebre si facevano ogni ora
Schritt benötigte man eine Viertel der Stunde und die Dunkelheit sich machte jede Stunde

più folte.
mehr [hier:]dunkel

Mi pentivo di non essermi fermato in un ovile incontrato mezz'ora
Ich bereute zu nicht mich haben angehalten in einem Schafstall getroffen halbe Stunde

prima che la neve cominciava e dove il pastore m'aveva invitato a
bevor dass der Schnee begann und wo der Schäfer mich hatte eingeladen zu

passare la notte, pronosticandomi la vicina bufera e ad un tratto,
verbringen die Nacht mir vorhersagend den nahen Sturm und plötzlich

disperandomi, pensai di ritornarmene là.
verzweifelnd dachte ich daran [---] umzukehren dorthin

Decisi di salire a cavallo, perché m'era impossibile
Ich beschloss zu steigen auf Pferd weil mir war [es] unmöglich

proseguire a piedi, ma siccome l' animale era estenuato più di me,
weiterzugehen zu Fuß aber da das Tier war erschöpft mehr als ich

così gravemente carico come si trovava, lo scaricai di tutta quella
so schwer beladen wie es sich befand es entlud von all den

roba che, mal come potei, misi al sicuro sotto un albero, sperando
Sachen die schlecht wie ich konnte tat in Sicherheit unter einen Baum hoffend

Mal come potei = mehr schlecht als recht

di ritrovarla l' indomani, lo montai e via! "Avanti! – dicevo
[---] wiederzufinden am nächsten Tag es [Pferd] bestieg und los Vorwärts sagte ich

amorevolmente al mio povero cavallino. – Stanotte ci riposiamo
liebevoll zu meinem armen Pferdchen Heute Nacht uns ausruhen

laggiù e domani sorgerà un bel sole che ci permetterà di
dort unten und morgen wird aufgehen eine schöne Sonne die uns erlauben wird zu

ritornare qui. Ripiglieremo la nostra mercanzia e andremo a
wiederkehren hierher Wir werden uns zurück holen die unsere Ware und werden gehen nach

Fonni. Là giunti non c'è più che temere! Avanti, avanti!...".
[Ortschaft] Dort angekommen nicht gibt es mehr zu fürchten Vorwärts vorwärts

Per un po' il cavallo parve partecipasse alle mie idee e camminò,
Für ein bisschen das Pferd schien mitzumachen bei meinen Ideen und [hier:] liefe

ma a un punto rallentò il passo e finì col fermarsi. Invano lo
aber plötzlich verlagsamte den Schritt und endete mit dem Stehenbleiben Vergebens es

16

aizzai, lo carezzai, lo percossi; non si mosse più, ed io dovetti
antrieb es streichelte es schlug nicht sich bewegte mehr und ich musste

smontare e riprendere il cammino a piedi, trascinando dietro la
absteigen und wiederaufnehmen den Weg zu Fuß schleifend hinterher das

povera bestia. Oh, che notte orrenda! Il vento era cessato, ma la notte
arme Tier Oh welch Nacht schreckliche Der Wind hatte aufgehört aber die Nacht

regnava folta e desolata sulle montagne e la neve continuava a
herrschte dunkel und verlassen auf den Bergen und der Schnee machte weiter zu

cadere. Una lieve luce bianca tramandata dal manto che copriva le
fallen Ein sanftes Licht weißes [hier:] reflektiert vom Mantel der bedeckte die

rupi mi permetteva di non cadere in qualche precipizio, ma a poco a
Felsen mir erlaubte zu nicht fallen in irgendeinen Abgrund aber nach und nach

poco i miei occhi si velavano, le gambe mi si intorpidivano sotto ai
die meinen Augen sich verschleierten die Beine mir sich gefühllos wurden unter den

pantaloni bagnati e tutto il mio corpo diventava freddo e inerte
Hosen nassen und ganzer der meine Körper wurde kalt und träge

come la neve su cui mi trascinavo barcollando.
wie der Schnee auf dem mich schleppte taumelnd

Una volta, io e il cavallo, cademmo in un fosso; io mi rialzai
Ein Mal ich und das Pferd fielen in einen Graben ich mich wieder aufstand

a stento ma il cavallo non si mosse più ed io non pensai ad
gerade so aber das Pferd nicht sich bewegte mehr und ich nicht dachte zu

aiutarlo. Ripresi la via: ero interamente coperto di neve: grosse
ihm helfen Nahm wieder auf den Weg ich war völlig bedeckt mit Schnee große

lacrime mi cadevano dagli occhi, confondendosi con la
Tränen mir fielen von den Augen sich mischend mit dem

neve che mi imbiancava la barba: le mani mi pendevano inerte e
Schnee der mir weiß färbte den Bart die Hände mir hingen träge und

gelate sotto il cappotto freddo e pesante, e i piedi andavano,
eisig unter dem Mantel kalten und schweren und die Füße gingen

andavano, automaticamente, a caso, barcollando. E non un lume
gingen automatisch durch Zufall taumelnd Und nicht ein Licht

appariva nella notte, non una voce umana risuonava per l' orribile
tauchte auf in der Nacht nicht eine Stimme menschliche erklang in der schrecklichen

solitudine della montagna. A manca e a destra i picchi bianchi
Einsamkeit der Berge Zur Linken und zur Rechten die Gipfel weißen

s' innalzavano perdendosi nel cielo color di cenere; dietro non
sich ragten empor sich verlierend im Himmel der Farbe von Asche hinten nichts1...

scorgevo nulla attraverso la nebbia che scendeva lentamente
entdeckte ...1 durch den Nebel der sank lagsam

dall' orizzonte e che presto mi avrebbe attorniato; davanti la china
von dem Horizont und der bald mich würde umzingeln voraus der Abhang

17

si stendeva sotto i miei piedi, piena di burroni e di precipizi. Non
sich erstreckte unter den meinen Füßen voll mit Schluchten und mit Abgründen Nicht

era certo questa la strada percorsa qualche ora prima, no, e
war sicherlich diese die Straße zurückgelegt einige Stunden zuvor nein und

l' ovile non poteva comparire innanzi a me perché m'ero
der Schafstall nicht konnte auftauchen vor mir weil ich mich hatte

smarrito! Oh, perché non avevo proseguito verso Fonni? Forse non
verlaufen Oh wieso nicht war weitergegangen Richtung [Ortschaft] Vielleicht nicht

era poi tanto lontano dal sito dove avevo lasciato le bisaccie...
war dann so weit von dem Ort wo hatte gelassen die Satteltaschen

forse...
vielleicht

Le forze mi venivano meno; dopo mezz'ora di faticoso e inutile
Die Kräfte mir schwanden nach halben Stunde von anstrengenden und unnützen

cammino la nebbia mi raggiunse, acre, densa, nera, mi circondò, e
Weges der Nebel mich einholte beißend dicht schwarz mich umzingelte und

proseguì la discesa, togliendomi l' ultimo barlume di luce. Ancora
fortfuhr den Abstieg mir raubend den letzten Schimmer von Licht Noch

un passo e sarei caduto forse in qualche abisso: d'altronde m'era
ein Schritt und ich wäre gefallen vielleicht in irgendeinen Abgrund andererseits mir war

impossibile continuare perché ora la neve mi giungeva al
unmöglich fortzufahren weil nun der Schnee mir reichte bis zu dem

ginocchio e una volta affondati i piedi mi riusciva a stento
Knie und einmal versunken die Füße mir gelang es gerade so

trattenerli... Ero bagnato fino alle ossa; non vedevo più, e
sie zurückzuziehen Ich war nass bis auf die Knochen nicht sah mehr und

come gli occhi così mi si velò la mente! Caddi sulla neve e
wie die Augen so mir sich trübte der Geist Ich fiel auf den Schnee und

raccomandai la mia anima a Dio, pensando un'ultima volta a
empfahl die meine Seele an Gott denkend ein letztes Mal an

Simona!... Elias tacque un momento, quasi ancora oppresso dal
Simona Elias schwieg einen Moment fast noch erdrückt von der

ricordo di quella triste notte, forse confrontandola con la notte, più
Erinnerung von jener traurigen Nacht vielleicht sie vergleichend mit der Nacht mehr

triste ancora, che trascorreva.
traurig noch die er verbrachte

Prosegui! – disse Simona. Il suo accento non era più feroce, i suoi
Fahre fort sagte Simona Der ihre Tonfall nicht war mehr wild die ihren

occhi stavano fissi al suolo e tutta l' espressione truce del suo
Augen blieben fest auf dem Boden und all der Ausdruck finstere des ihren

volto andava sfumando insensibilmente. Elias se ne accorse e
Gesichts ging verblassend unmerklich Elias [hier:] es bemerkte und

18

sussultò di speranza, poi riprese: – Quando   rinvenni   era
fuhr auf mit Hoffnung dann fuhr fort   Als   ich wieder zu mir kam war es

giorno alto. Mi trovai   steso in un letto caldo, in fondo ad   una
Tag hoher Mich befand ausgestreckt in einem Bett warmen hinten in einer
Giorno alto = mitten am Tag

cucina grandissima, nel cui centro, nel focolare di pietra, ardeva un
Küche riesigen in dessen Mitte im Herd aus Stein brannte ein

enorme fuoco il cui tepore giungeva sino a me. Dalla quantità delle
riesiges Feuer dessen Wärme reichte bis zu mir Von der Menge des

stoviglie e delle masserizie che arredavano la cucina   arguii di
Geschirrs und des Hausrats die schmückten die Küche schloss ich dass

trovarmi in casa di gente benestante; una ragazza preparava il
mich befand im Haus von Leuten wohlhabenden ein Mädchen bereitete das

pranzo   accanto al focolare e al suo costume la riconobbi per
Mittagessen neben dem Herd und an ihren Kleidern sie erkannte als

fonnese.   Dunque ero   a Fonni!... Chi mi ci   aveva trasportato?
aus Fonni Also war ich in [Ortschaft] Wer mich hierher hatte transportiert

Chi mi aveva salvato?... Che   differenza fra   il   mio stato di
Wer mich hatte gerettet Was [für] Unterschied zwischen dem meinem Status von

dieci ore prima e il presente! Fra   il letto di neve, sotto il
zehn Stunden zuvor und der Gegenwart Zwischen dem Bett aus Schnee unter dem

cielo nero e la nebbia, con la morte al lato e il letto caldo in
Himmel schwarzen und dem Nebel mit dem Tod zur Seite und dem Bett warmen in

cui mi svegliavo, e la bella ragazza che mi stava vicino, forse
dem mich aufwachte und dem schönen Mädchen das mir war nahe vielleicht

spiando il mio ritorno alla vita!...
beobachtend die meine Rückkehr ins Leben

–Sì, proprio una bella ragazza! Quando, accortasi di me, mi si
Ja wirklich ein schönes Mädchen Als bemerkt [---] mich mir sich

accostò, la guardai meravigliato, chiedendomi se non era una visione.
näherte sie ansah verwundert mich fragend ob nicht war eine Vision

Non avevo mai   visto una bellezza simile; solo la nostra Madonna
Nie 1... hatte ...1 ich gesehen eine Schönheit ähnliche nur die unsere Madonna

del Latte dolce, nei giorni di festa. Così gli occhi grandi e   neri, così
der Milch süßen an den Festtagen So die Augen groß und schwarz so
Madonna del Latte = Jungfrau Maria

i capelli, così la pelle color di rosa, la bocca piccola, il naso
die Haare so die Haut rosafarbene der Mund kleine die Nase

profilato, il collo lungo bianchissimo, la persona tutta, infine, tutta...
abgezeichnete der Hals lang sehr weiß die Person ganz schließlich ganz

Aveva una gonna sola, stretta, che le disegnava le anche ben fatte,
Sie hatte einen Rock nur eng der ihr zeichnete die Hüften wohlgeformten

19

e lasciava vedere i piccoli piedi calzati da scarpette piene di fiocchi,
und ließ erblicken die kleinen Füße gekleidet in Schühchen voll mit Schleifen

un corsetto nero di lino, e il piccolo busto slacciato sulla
ein Korsett schwarzes aus Leinen und der kleine Mieder [hier:] gestreckt auf der

camicia bianchissima, sotto le cui pieghe si modellava il seno
Bluse sehr weißen unter dessen Falten sich abzeichnete der Busen

nascente, perché la fanciulla poteva avere al più diciotto anni. Se
wachsende weil das Mädchen konnte haben höchstens achtzehn Jahre Wenn

faccio tutti questi particolari – proseguì Elias mentre gli occhi di
ich mache all diese Details fuhr fort Elias während die Augen von

Simona riprendevano il cupo lampeggiamento di prima, indovinando
Simona wieder annahemen das düstere Funkeln von vorhin erratend

nella bella fanciulla fonnese la donna che le aveva rapita l' intera
in dem schönen Mädchen aus Fonni die Frau die ihr hatte entführt die gesamte

felicità della sua vita – è per spiegare in qualche modo la
Freude des ihren Lebens es ist um zu erklären in irgendeiner Art den

causa primaria del mio traviamento.
Hauptgrund der meinen Irreleitung

Io dunque la guardavo incantato, e mentre essa mi accomodava le
Ich also sie ansah verzaubert und während sie mir richtete die

coperte sulle spalle un brivido mi passò per tutta la persona.
Decken auf den Schultern ein Schauer mir lief durch ganzen den [hier:] Körper

Ahimè, lo confesso, in quel momento avevo scordato la bufera della
Ach je es gestehe in dem Moment hatte ich vergessen den Sturm der

notte, il mio cavallo morto fra la neve, le castagne perdute, la
Nacht das meine Pferd gestorben in dem Schnee die Kastanien verlorenen der

causa per cui mi trovavo in quel letto..."Come stai?... – mi chiese la
Grund für den mich befand in dem Bett Wie du sein mich fragte das
Come stai? = wie geht es dir?

fanciulla tastandomi il polso. – Sono già cinque ore che tu
Mädchen mir fühlend den Puls Es sind schon fünf Stunden die du

vaneggi!... Come ti chiami?"
fantasierst Wie dich nennst

"E tu?..." domandai io con voce rauca. "Dove sono?...".
Und du fragte ich mit Stimme rauher Wo bin ich

"In casa mia! Mi chiamo Cosema P... Stanotte il mio servo che
In Haus meinem Mich nenne Cosema P Heute Nacht der meine Diener der

passava per la montagna ti trovò, quasi morto, sulla neve. Ti prese
[hier:]reiste durch die Berge dich fand fast tot auf dem Schnee Dich nahm

sul suo cavallo e ti portò qui. Sei a Fonni sai! Dopo molte
auf das seine Pferd und dich brachte hier Du bist in [Ortschaft] weißt du Nach viel

20

cure, rinvenisti verso le cinque di questa mattina, ma subito ti
Pflege kamst du zu dir gegen die fünf [Uhr] von diesem Morgen aber sofort dich

assalì la febbre e il delirio, sicché non potei sapere chi tu
überkam das Fieber und die Wahnvorstellungen so dass nicht konnte wissen wer du

fossi. Al tuo vestire credo che tu sii del villaggio di A..., ma non
seist An deinem Anziehen denke ich dass du seist aus dem Dorf von A... aber nicht

so chi sei tu!...".
weiß wer bist du

Le raccontai la mia storia, non tacendole il motivo del mio
Ihr erzählte die meine Geschichte nicht ihr verschweigend den Grund der meinen

viaggio e le mie prossime nozze con Simona.
Reise und die meine unmittelbare Hochzeit mit Simona

"Devi esser ben povero se, per comprare gli anelli, sei stato
Du musst sein [hier:] ziemlich arm wenn um zu kaufen die Ringe [du] bist gewesen

costretto a intraprendere un viaggio così!..." mi disse Cosema
gezwungen zu unternehmen eine Reise solche mir sagte Cosema

fissandomi coi suoi grandi occhi neri lucenti.
mich anschauend mit den ihren großen Augen schwarzen leuchtenden

"No, – risposi, – non sono tanto povero! Ho un campo piantato a
Nein antwortete ich nicht bin so arm Habe ein Feld bepflanzt mit

castagni che mi rende venti scudi ogni inverno, ed ho buone
Kastanienbäumen das mir einbringt zwanzig [Währung] jeden Winter und habe gute

mani per lavorare! Ma è necessario che vada a Nuoro di tanto
Hände zum arbeiten Aber es ist notwendig dass ich gehe nach [Ortschaft] von so viel

in tanto per vendere i miei prodotti. Ho anche il carro e i
zu so viel um zu verkaufen die meinem Produkte Habe auch den Wagen und die

di tanto in tanto = von Zeit zu Zeit

buoi, e il cavallo e la casa... non sono povero, no. E anche
Ochsen und das Pferd und das Haus nicht bin arm nein Und auch

Simona mi porterà qualche cosa...".
Simona mir wird einbringen etwas

Parlammo così lunghe ore, con la massima confidenza, quasi ci
Wir redeten so lange Stunden mit der größten Vertrautheit fast uns

fossimo conosciuti da molto; e Cosema, a sua volta, mi disse che
hätten gekannt seit [hier:] langem und Cosema ihrerseits mir sagte dass

era orfana e ricca. Amministrava da sé, essendo pochi mesi
sie sei [eine] Waise und reich Verwaltete alleine seiend wenige Monate

prima morto il suo tutore, e aveva una serva e due servi, uno
zuvor gestorben der ihre Vormund und hatte eine Dienerin und zwei Diener einer

contadino e l' altro, quello che mi aveva salvato, pastore. Possedeva
Bauer und der andere der der mich hatte gerettet Hirte Sie besaß

21

la casa, un orto grandissimo, un campo e molto bestiame. Quando
das Haus einen Garten sehr großen ein Feld und viel Vieh Als

mi volli levare, me lo impedì, dicendomi che ero malato e che il
mich wollte aufstehen mir es verbat mir sagend dass ich war krank und dass der

medico, chiamato la notte al mio letto, aveva ordinato di non
Arzt gerufen die Nacht an das meine Bett hatte befohlen zu nicht

lasciarmi non solo ripartire, ma neppure levare. E restai! Peppa, la
mich lassen nicht nur abreisen sondern nichtmal aufstehen Und ich blieb Peppa die

serva, sopraggiunta, mi diede una scodella di brodo e mi ripeté tutto
Dienerin gekommen mir gab eine Schüssel mit Brühe und mir wiederholte all

ciò che la padrona mi aveva detto, compreso l' ordine del medico.
das was die Herrin mir hatte gesagt einschließlich den Befehl des Arztes

Infatti il freddo e la febbre non tardarono a ricomparire; una febbre
Tatsächlich die Kälte und das Fieber nicht versäumten zu wiedererscheinen ein Fieber

gagliarda che mi faceva ballare nel letto, che sconvolgeva tutto a
kräftiges das mich ließ tanzen in dem Bett das durcheinander brachte alles um

me intorno, in un vortice pazzo e vertiginoso.
mich herum in einem Strudel verrückten und schwindelerregenden

Rimasi così, tra la vita e la morte, per una settimana. Nei
Blieb so zwischen dem Leben und dem Tod für eine Woche In den

lucidi intervalli pregavo Cosema di mandare a dire a Simona il mio
lichten Momenten bittete ich Cosema zu schicken zu sagen zu Simona die meine

stato per rassicurarla sul mio ritardo, e la ragazza mi diceva
Lage um sie zu beruhigen über meine Verspätung und das Mädchen mir sagte

sempre di sì, scongiurandomi a stare tranquillo. In quelle ore di
immer [---] ja mich beschwörend zu bleiben ruhig In jenen Stunden des

sofferenza e di spasimo pensavo sempre a Simona, ma i miei occhi,
Leidens und der Qual dachte ich immer an Simona aber die meinen Augen

il mio pensiero sconvolto dalla febbre vedevano Cosema, Cosema
die meinen Gedanken durcheinander von dem Fieber sahen Cosema Cosema

bella che andava di qua e di là per la cucina, in punta di piedi per
schöne die ging hierhin und dorthin in der Küche auf Zehenspitzen um

non disturbarmi, che si chinava spesso sul mio letto, posandomi
nicht mich zu stören die sich beugte oft über mein Bett mir legend

sulla fronte la mano bianca e fresca, che vegliava intere notti al mio
auf die Stirn die Hand weiße und kühle die wachte ganze Nächte an meinem

capezzale, magnetizzandomi coi suoi occhi di bambina innocente
Kopfende mich magnetisierend mit den ihren Augen von Kind unschuldigen

e per ciò più pericolosa.
und deswegen mehr gefährlich

Tutte quelle cure, quelle attenzioni che mi dava, senza quasi
All jene Pflege jene Aufmerksamkeit die [sie] mir gab ohne fast

22

conoscermi, mentre destavano in me la più profonda delle
mich zu kennen während sich regten in mir die tiefste der

riconoscenze, mi facevano pensare con dispetto alla strana
Dankbarkeit mich ließen denken mit Ärger an die seltsame

indifferenza di Simona, la mia fidanzata che non dava segno di vita
Gleichgültigkeit von Simona die meine Verlobte die nicht gab Lebenszeichen

mentre io morivo lontano dal mio paese, morivo per causa sua e
während ich starb weit weg von dem meinen Dorf starb ihretwegen und

pensando a lei! È vero che anche gli altri miei parenti non si
denkend an sie Es ist wahr dass auch die anderen meine Verwandten nicht sich

facevano vivi... ma io non badavo a loro, non pensavo a loro... Dopo
machten lebendig aber ich nicht achtete auf sie nicht dachte an sie Nach

farsi vivo = sich sehen lassen, von sich hören lassen

una settimana cominciavo a sentirmi meglio e il medico mi disse
einer Woche begann ich zu mich fühlen besser und der Arzt mir sagte

che fra otto o nove giorni sarei stato in grado di ritornarmene al
dass in acht oder neun Tagen ich wäre gewesen in der Lage zu wiederkehren in

mio villaggio. Pensavo con dolore al cattivo esito del viaggio e
mein Dorf Dachte mit Schmerz an das schlechten Ausgehen der Reise und

al ritardo delle nostre nozze; il cavallo e le castagne non furono
an die Verspätung der unserer Hochzeit das Pferd und die Kastanien nicht wurden

ritrovati, benché Cosema avesse mandato il servo per la
wiedergefunden obwohl Cosema hätte geschickt den Diener in die

montagna.
Berge

Una notte tempestosa come quella in cui m' ero smarrito, allorché
Eine Nacht stürmisch wie jene in der mich hatte verlaufen als

sentii la porta della cucina aprirsi leggermente ed entrare una
ich hörte die Tür der Küche sich öffnen leicht und eintreten eine

persona che sulle prime non distinsi bene. Poteva essere mezzanotte.
Person die zuerst nicht erkannte gut Konnte sein Mitternacht

Il vento rumoreggiava sopra il letto e copriva ogni altro rumore
Der Wind rumorte über dem Bett und überdeckte jedes andere Geräusch

umano. Nel focolare il fuoco coperto di cenere mandava di tratto in
menschliche In dem Ofen das Feuer bedeckt mit Asche schickte hin und wieder

tratto una fiamma azzurrognola che illuminava debolmente la
eine Flamme hellbläuliche die erhellte schwach die

cucina. A quel chiarore incerto credetti riconoscere Peppa nella
Küche In jenem Schein unsicheren glaubte ich erkennen Peppa in der

persona entrata e pensai che venisse ad assicurarsi se stavo bene
Person eingetreten und dachte dass sie käme um sich zu versichern ob war gut

e se dormivo. Finsi di dormire, ma con gli occhi semichiusi. La
und ob schlief Täuschte vor zu schlafen aber mit den Augen halb geschlossenen Das

23

ragazza si avvicinò in punta di piedi al mio letto e si fermò,
Mädchen sich näherte auf Zehenspitzen an mein Bett und sich hielt an

guardandomi a lungo, con gli occhi sfavillanti nella oscurità. Un
mich anschauend lange mit den Augen funkelnden in der Dunkelheit Ein

tremito mi invase tutto, mio malgrado... Non era Peppa quella, no,
Schauer mir [hier:] durchlief ganz gegen meinen Willen Nicht war Peppa jene nein

era Cosema... Che mai voleva? Perché mi guardava così? Perché
war Cosema was [hier:] wohl wollte Wieso mich ansah so Wieso

tremavo tutto sotto il suo sguardo? A un tratto si chinò su di me e
ich zitterte ganz unter dem ihren Blick Plötzlich sich beugte über [---] mich und

mi baciò!... Le sue labbra ardevano come bracie ed io sussultai
mich küsste Die ihren Lippen brannten wie Glut und ich fuhr zusammen

quasi m' avesse toccato un ferro rovente.
fast mich hätte berührt ein Eisen glühendes

Credendo d' avermi svegliato Cosema diede un passo indietro e
Glaubend zu haben mich geweckt Cosema gab einen Schritt zurück und

andò leggermente a sedersi accanto al focolare. Ma io non mi mossi
ging leicht zu sich setzen neben den Ofen Aber ich nicht mich bewegte

e continuai a fingermi dormiente. Rassicurata, Cosema, attizzò il
und fuhr fort zu vortäuschen schlafend Beruhigt Cosema anfachte das

fuoco e chinò il capo sulle braccia cinte intorno alle ginocchia.
Feuer und neigte das Haupt auf die Arme geschlungen um die Knie

Mi sembrò che piangesse... Non saprei dirvi ciò che intanto
Mir schien dass sie weine Nicht könnte euch sagen das was unterdessen

accadeva dentro di me, ma certo avevo dimenticato il cavallo, le
geschah in [---] mir aber sicherlich hatte vergessen das Pferd die

castagne e le nozze. Il bacio di Cosema mi ardeva il volto e mille
Kastanien und die Hochzeit Der Kuss von Cosema mir brannte das Gesicht und tausend

confusi pensieri passavano nel mio cervello. Era un sogno dunque?
wirre Gedanken gingen in meinem Gehirn War es ein Traum also

Che significava ciò? Che Cosema si fosse innamorata di me, così, in
Was bedeutete das Dass Cosema sich hatte verliebt in mich so in

pochi giorni, lei così bella, così giovine e ricca? Di me estraneo,
wenigen Tagen sie so schön so jung und reich In mich Fremden

sconosciuto, ch'ella sapeva promesso ad un' altra donna?...Non potevo
Unbekannten den sie wusste versprochen an eine andere Frau Nicht konnte

credere ai miei sensi, ma intanto vedevo la bella fanciulla là, nella
glauben an meine Sinne aber unterdessen sah ich das schöne Mädchen dort in dem

penombra, piangere silenziosamente, e la mente mi si sconvolgeva,
Halbdunklen weinen still und der Geist mich sich erschütterte

e il sangue mi ardeva instintivamente. Mio Dio, mio Dio, che
und das Blut mir brannte instinktiv Mein Gott mein Gott was [für eine]

tentazione! Se Cosema mi avesse ribaciato, mi sarei perso, nonostante tutti i miei propositi. Però essa si ritirò senza neppure guardarmi.

L'indomani la vidi pallida e con gli occhi rossi, ma non le dissi nulla. Solo, in un momento in cui non c'era mi vestii e mi sedetti accanto al fuoco e quando essa entrò le dissi che volevo partire.

"Hai ragione – rispose essa con freddezza. – Ti abbiamo molto mal trattato, e certo non vedi l'ora di andartene".

non vedere l'ora = es nicht erwarten können

"Dio ne guardi! – gridai io. – Anzi avete fatto tutto ciò che io non meritavo! Mi avete salvato la vita ed io me ne ricorderò sempre. Voglio andarmene per togliervi il disturbo. Ah, Cosema, cosa hai detto tu! Ma mi prendi per un animale? Io non so cosa fare per

prendere qualcuno per qualcosa = jemanden für etwas halten

sdebitarmi di tutto ciò che ti devo. Parla; chiedimi ciò che tu vuoi e farò tutto per te...". Non avevo ancora ben pronunciate queste parole che già me ne pentivo, perché vidi gli occhi di Cosema brillare di gioia. Ah, se mi avesse chiesto l'impossibile... di amarla...

"Allora rimani finché sarai ben guarito!" rispose ella. Rimasi. Tanto più che mi sentivo incapace di intraprendere il viaggio, così

25

debole, e   col tempo pessimo che regnava. Ma non mi sentivo
schwach und mit dem Wetter miserablen das herrschte Aber nicht mich fühlte

tranquillo e un presentimento mi diceva che avrei finito   col
ruhig   und eine   Vorahnung   mir sagte dass hätte geendet mit dem

cedere alla misteriosa seduzione di Cosema. Lottavo con tutte le
Nachgeben der geheimnisvollen Verführung von Cosema Kämpfte mit all den

forze, ma l' immagine della   bella ragazza, per lo più reale,
Kräften aber das Bild   von dem schönen Mädchen   meistens   echt

s' imponeva al mio pensiero e il ricordo del suo bacio mi faceva
sich aufzwang   auf meine Gedanken und die Erinnerung des ihren Kusses mich ließ

tremare più della febbre.
zittern   mehr als das Fieber

Invano pensavo intensamente a Simona, al suo stato, alle mie sacre
Vergebens dachte   angestrengt   an Simona an ihre Lage an die meinen heiligen

promesse: quando più forte era la mia decisione, ecco Cosema lì,
Versprechen als   stärker war die meine Entscheidung da kam Cosema dort

davanti a me, affascinante, bella, che mi incantava col suo sorriso,
vor [---] mich faszinierend   schön die mich verzauberte mit dem ihren Lächeln

col   suo sguardo fisso nel   mio,   col quale mi diceva tante cose
mit dem ihrem Blick fest in dem meinem mit dem jenen mir sagte viele Dinge

che non osava esprimermi a voce. Signor Iddio! Che   spasimi, che
die nicht wagte auszusprechen mit Stimme Herrgott Was [für eine] Qual was

tentazioni, che   guerra! Piangevo come un bambino, e più di
[für eine] Versuchung was [für ein] Krieg Ich weinte wie ein Kind und mehr als

una volta nella notte fonda, mentre imperversava il vento, fui per
einmal in der Nacht tiefen während tobte der Wind war dabei

fuggire da quell' inferno dicendomi ch' era meglio morire fra i monti,
zu fliehen von jener Hölle mir sagend dass war besser sterben in den Bergen

che vivere così. Perché mi avevano salvato? Perché?...Il dolore interno
als leben so Wieso mich hatte gerettet Wieso Der Schmerz innere

accresceva il mio male; avevo la febbre nel sangue e nel cervello
steigerte   das meine Leiden hatte das Fieber in dem Blut und in dem Gehirn

e mi pareva di odiare Cosema a cui   dovevo tanto; Cosema che
und mir schien zu hassen Cosema der [hier:]schuldete viel Cosema die

ogni notte veniva a darmi il solito bacio, all' oscuro.
jede Nacht kam zu mir geben den üblichen Kuss in der Dunkelheit

Così non poteva durare. Finii col credere che tutto fosse un sogno,
So nicht konnte halten Endete mit dem Glauben dass alles sei ein Traum

un' opera del demonio, e fisso in quest' idea decisi di accertamene.
ein Werk des Teufels und fix mit dieser Idee entschied zu mich versichern

Non l' avessi mai fatto!... Una notte, mentre Cosema mi baciava, le
Nicht es hätte [hier:]je getan Eine Nacht während Cosema mich küsste ihr

afferrai le mani e spalancando gli occhi la fissai alla luce incerta del
griff die Hände und aufreißend die Augen sie anstarrt beim Licht unsicheren des

fuoco. Ella non disse nulla, ma tremò tutta e aspettò che parlassi.
Feuers Sie nichts ...1 sagte ...1 aber zitterte ganz und wartete dass ich reden würde

"Cosema... che vuol dire ciò?..." chiesi severamente.
Cosema was soll [hier:] bedeuten das fragte ich ernst

Essa si lasciò cadere in ginocchio e nascondendo il volto fra
Sie sich ließ fallen auf die Knie und versteckend das Gesicht zwischen

le mani mormorò: "Perdonami!... T' amo da morirne!...".
den Händen murmelte Verzeihe mir Dich liebe zu sterben
amare da morire = sehr lieben

Anch 'io cominciai a tremare; pure, facendo il forte, esclamai:" Che
Auch ich begann zu zittern obwohl machend den Starken rief aus Was

hai tu detto? Ma non sai che sono ammogliato?...".
hast du gesagt Aber nicht weißt dass bin verheiratet

"Non è vero!... So tutto... So che sei fidanzato e so lo stato in cui
Nicht ist wahr Ich weiß alles Weiß dass bist verlobt und weiß die Lage in der

si trova Simona... Però so anche che tutto il villaggio dice che tu non
sich befindet Simona Aber weiß auch dass ganze das Dorf sagt dass du nicht

sei il solo padre di...".
bist der einzige Vater von

"Cosema! – gridai fuori di me. – Non calunniare nessuno! Dimmi che
Cosema schrie ich außer [---] mir Nicht verleumden niemanden Sag mir dass

m' ami, che mi vuoi... ma non calunniare...".
mich liebst dass mich willst aber nicht verleumden

"Dico ciò che ho inteso. Ma non gridare così! Peppa potrebbe
Sage das was habe gehört Aber nicht schreien so Peppa könnte

svegliarsi e accorgersi di tutto... Non perdermi perché t' amo!...".
aufwachen und sich bemerken von alles Nicht [hier:] mich ruinieren weil dich liebe

Era così supplichevole che, abbassando la voce, le chiesi fremendo
Sie war so flehend dass senkend die Stimme [ich] sie fragte schaudernd

la spiegazione delle sue orribili parole. E lei mi raccontò mille
die Erklärung von den ihren schrecklichen Worten Und sie mir erzählte tausend

storie che non ricordo bene, che non sentivo bene, ma dalle quali
Geschichten die nicht erinnere gut die nicht hörte gut aber von denen

emergeva chiara per me una sola cosa. Che io ero mistificato in una
auftauchte deutlich für mich eine einzige Sache Dass ich war irregeführt in einer

guisa infame e che Simona non m'amava, ma lo fingeva per
Art und Weise schändlichen und dass Simona nicht mich liebte aber es vortäuschte um zu

coprirsi di una colpa di cui non io solo ero il complice... Oh, che
sich verdecken vor einer Schuld von der nicht ich allein war der Komplize Oh wie

27

orrore, che orrore!
schrecklich wie schreicklich

– Che miserabile!... – esclamò Simona, interrompendo il racconto di
Wie erbärmlich rief Simona unterbrechend die Erzählung von

Elias, livida in volto, agitando le braccia. Ma Tanu, il fratello, che
Elias bläulich im Gesicht wild bewegend die Arme Aber Tanu der Bruder der

la pensava diversamente, ascoltando Elias con un sorriso acre
es dachte anders zuhörend Elias mit einem Lächeln bitteren

pensare diversamente = anderer Meinung sein

d' incredulità, sicuro che tutto il racconto era una fiaba, la calmò
der Ungläubigkeit sicher dass all die Geschichte war ein Märchen sie beruhigte

a stento, e disse beffardo:
mit Mühe und sagte spöttisch

– Prosegui e sii più breve...
Fahre fort und sei mehr kurz

– Sarò breve. Cosema mi promise delle prove, poi, tutto ad un tratto,
Werde sein kurz Cosema mir versprach einige Beweise dann plötzlich

si mise a piangere disperatamente, singhiozzando.
sich anfing zu weinen verzweifelt schluchzend

"Ebbene, – chiesi io sorpreso, – e ora perché piangi?...". In realtà, non
Na gut fragte ich überrascht und nun wieso weinst du In Wahrheit nicht

potevo trattenermi neppur io, e un nodo mi serrava la gola. Credevo
konnte an mich halten nichtmal ich und ein Knoten mir zuschnürte die Kehle Glaubte

e non credevo a ciò che Cosema m' aveva detto e mentre sentivo
und nicht glaubte an das was Cosema mir hatte gesagt und während spürte

una pazza voglia di schiaffeggiarla, avrei voluto baciarla dicendole:
eine verrückte Lust zu sie ohrfeigen hätte gewollt sie küssen ihr sagend

"T'amo e disprezzo Simona!...".
Dich liebe und verachte Simona

"Perdonami... perdonami... – ripeteva essa con la voce rotta dal
Verzeihe mir verzeihe mir wiederholte sie mit der Stimme gebrochen von dem

pianto. – So che non puoi amarmi, che ami quella... Perdonami
Weinen Ich weiß dass nicht kannst mich lieben dass liebst die da Verzeihe mir

se non ho potuto resistere... ma ti amo tanto... ma sento morirmi...
wenn nicht habe gekonnt wiederstehen aber dich liebe sehr aber fühle mich sterben

ma se tu non avrai pietà di me accadrà qualcosa di fatale...".
aber wenn du nicht wirst haben Erbarmen für mich wird geschehen etwas [---] Fatales

"Cosema, Cosema. – le dicevo io, – come puoi tu amarmi? Io sono
Cosema Cosema ihr sagte ich wie kannst du mich lieben Ich bin

povero, e i tuoi parenti, anche se io t' amassi, non
arm und die deinen Verwandten auch wenn ich dich lieben würde nicht

acconsentirebbero".
zustimmen würden

28

"Io non ho parenti! Sono padrona di me e farò ciò che mi
Ich nicht habe Verwandte Bin Herrin von mir und werde tun das was mir

piacerà. Ma tu non puoi, non vuoi amarmi, tu ami quella... – e
gefallen wird Aber du nicht kannst nicht willst mich lieben du liebst die da und

accentuava con disprezzo la parola quella – tu mi lascierai
betonte mit Verachtung das Wort die da du mich wirst lassen

morire...". "Oh, Elias, se tu sapessi come soffro! Ti ho amato
sterben Oh Elias wenn du wüsstest wie ich leide Dich habe geliebt

dal primo momento e subito mi accorsi che la tua entrata in casa
von dem ersten Moment und sofort mich bemerkte dass das deine Eintreten in Haus

mia doveva portarmi la morte! Ma io non ti chiedo nulla, nulla. Se
mein musste mir bringen den Tod Aber ich nicht dich frage nichts nichts Wenn

vuoi andartene vattene, ma ricordati di me... Fa conto di non aver
willst dich gehen gehe aber erinnere dich an mich Tu [hier:] so als nicht hast

inteso nulla dalle mie labbra e sposa Simona, ma quando sarai
gehört nichts von den meinen Lippen und heirate Simona aber wenn wirst sein

infelice rammentati che io sono più infelice di te...". Così Cosema
unglücklich erinnere dich dass ich bin mehr unglücklich als du So Cosema

parlò, sempre china su me, bruciandomi il volto col suo
sprach immer gebäugt auf mir mir verbrennend das Gesicht mit ihrem

alito ardente, bagnandomi le mani con le sue lacrime. Non sapevo in
Atem brennenden mir benetzend die Hände mit den ihren Tränen Nicht wusste in

qual mondo mi fossi e mi morsicavo le labbra, trattenendo a stento
welcher Welt mich sei und mir biss die Lippen zurückhaltend mit Mühe

il pianto e le bestemmie che in pari tempo mi salivano dal cuore
das Weinen und die Flüche die gleichzeitig mir aufstiegen aus dem Herzen

e che mi saltava in bocca.
und die mir sprangen in Mund

Il fuoco si spense e rimanemmo all'oscuro. "Addio, addio!... – disse
Das Feuer sich ausging und wir blieben im Dunklen Lebe wohl lebe wohl sagte

Cosema. – Ora me ne vado. Domani partirai e non ci vedremo
Cosema Nun mich [---] gehe Morgen wirst du abreisen und nicht uns werden sehen

più. Ricordati di me, Elias, ricordati. Addio, addio... Vattene pure; io
mehr Erinnere dich an mich Elias erinnere dich Lebe wohl lebe wohl Geh nur ich

non ti chiedo nulla!...". Non mi chiedeva nulla, ma intanto mi
nicht dich frage nichts Nicht mich fragte nichts aber inzwischen mir

copriva il volto di baci e di lacrime; lacrime che parevano goccie
bedeckte das Gesicht mit Küssen und mit Tränen Tränen die schienen Tropfen

di piombo liquido; baci lunghi, pazzi, che mi bruciavano le labbra, gli
aus Blei flüssigem Küsse lange verrückte die mir verbrannten die Lippen die

occhi, le guancie, che finirono col togliermi la ragione rimastami.
Augen die Wangen die endeten mit dem mir rauben den Verstand mir gebliebenen

"Cosema, – dissi con voce rauca, stringendole la testa fra le mani
Cosema sagte mit Stimme rauher ihr drückend den Kopf zwischen den Händen

e ricambiandole i suoi baci, – t' amo e rimarrò!...''
und ihr erwiedernd die ihren Küsse dich liebe und werde bleiben

Due giorni dopo, – concluse Elias, – un prete venne in casa di Cosema
Zwei Tage später beendete Elias ein Priester kam in Haus von Cosema

e ci sposò, segretamente. Io avevo sempre la febbre e operavo
und uns verheiratete heimlich Ich hatte immer das Fieber und funktionierte

automaticamente, senza quasi avvedermi di nulla. Lo stesso giorno si
automatisch ohne fast bemerkend [---] nichts Am selben Tag man

fecero le pubblicazioni e tre settimane dopo davanti alla legge ero
machte das Aufgebot und drei Wochen später vor dem Gesetz war ich

per sempre legato a Cosema. Sicché, quando passati i primi ardori,
für immer gebunden an Cosema So dass als vergangen die erste Glut

ritornai in me, e mi avvidi del mal fatto, e mi convinsi che
kehrte ich zurück zu mir und mich bemerkte der schlechten Tat und mich überzeugte dass
ritornare in sé = wieder zu Sinnen kommen

le voci correnti sul conto di Simona erano vere calunnie,
die [hier:] Gerüchte [hier:] im Umlauf auf Kosten von Simona waren wirkliche Verleumdungen

era troppo tardi!
war es zu spät

– E chi ci assicura che tutta questa storia non sia una fiaba?... –
Und wer uns versichert dass all diese Geschichte nicht sein ein Märchen

esclamò Tanu con voce terribile. Elias chinò il capo e nei suoi
rief aus Tanu mit Stimme schrecklicher Elias neigte das Haupt und in den seinen

occhi morì la speranza. Dal volto dei suoi giustizieri, niente
Augen starb die Hoffnung Von dem Gesicht von den seinen Scharfrichtern kein

commossi dalle sue parole, egli vedeva la sua condanna, e provava
Mitleid von den seinen Worten er sah das seine Urteil und spürte

il sovrumano strazio del condannato a morte nel fior degli anni, ma
die übermenschliche Qual des Verurteilten zu Tode in der Blüte der Jahre aber

non voleva dimostrarlo per non parer vile.
nicht wollte es zeigen um nicht zu erscheinen feige

– È vero! – disse. – Nessuno può difendermi... Rivolse uno sguardo a
Es ist wahr sagte er Niemand kann mich verteidigen Wendete einen Blick an

Simona, ma gli occhi della giovine erano lontani dai suoi, e
Simona aber die Augen von dem jungen Mädchen waren weit weg von den seinen und

d' altronde? Anche volendolo essa non avrebbe potuto salvarlo.
Im Übrigen Auch wenn wollte sie nicht hätte gekonnt ihn retten

– Tu morrai! – sentenziò cupamente il padre. Si fece un lungo
Du wirst sterben verkündete düster der Vater Es machte eine lange

silenzio.
Stille

La sorte di Elias era decisa; egli non doveva uscire da quella casa
Das Schicksal von Elias war entscheiden er nicht musste rausgehen aus jenem Haus

fatale dove dieci anni prima aveva passato tante ore felici. La
verhängnisvollen wo zehn Jahre zuvor hatte verbracht viele Stunden glückliche Die

storia di Cosema non aveva alterato i cruenti propositi della
Geschichte von Cosema nicht hatte verändert die blutigen Vorsätze von der

famiglia da lui disonorata, e il fucile brillava sempre nelle mani di
Familie von ihm enthehrten und das Gewehr glänzte immer in den Händen von

Pietro, che si considerava la causa primaria della sventura di sua
Pietro der sich hielt für den Hauptgrund von dem Unglück von seiner

sorella. E poi ora era una questione di vita o di morte.
Schwester Und dann nun war es eine Frage von Leben oder von Tod

Perdonando Elias essi si perdevano perché egli si sarebbe
Vergebend Elias sie sich untergingen weil er sich sei

certamente vendicato di quella terribile notte, vendicato a dovere,
bestimmt gerächt für jene schreckliche Nacht gerächt zu [hier:] Genüge

possente e ricco come egli era. Dunque doveva morire. Nessun
wohlhabend und reich wie er war Also musste er sterben Kein

fremito di paura o di esitazione passava in quei cuori induriti da
Schaudern der Angst oder des Zögerns ging durch in jenen Herzen verhärtet von

una vita aspra e stentata, che avevano per religione la vendetta,
einem Leben harten und mühsamen das hatte zur Religion die Rache

l' odio per Dio. Una notte essi avevano giurato, intorno a quello stesso
den Hass auf Gott Eine Nacht sie hatten geschwört um herum an jenem selben

focolare, su quel medesimo fuoco che mai non si spegneva, di lavare
Herd auf jenes selbe Feuer das nie nicht sich ausging zu waschen

col sangue l' offesa ricevuta, e, attesa per mesi ed anni,
mit dem Blut die Beleidigung erhaltene und erwartet für Monate und Jahre

finalmente giungeva l' ora sognata. E si accingevano a uccidere
endlich kam die Stunde erträumte Und sich anschickten zu töten

un uomo con un raccoglimento quasi religioso, sicuri di fare un
einen Mann mit einer Andacht fast religiösen sicher zu tun eine

dovere, convinti di mancarvi se perdonavano, a fronte alta,
Pflicht überzeugt zu fehlen wenn sie vergaben mit [hier:] Kopf hohem

davanti a quel Dio di cui ignoravano le massime, che supponevano
vor jenem Gott von dem sie ignorierten die Prinzipien die sie vermuteten

crudele al pari di loro...
grausam gleich wie sie

– Vattene!... – disse Pietro a Simona.
Geh sagte Pietro zu Simona

– No, rimango sino all'ultimo!... – rispose la giovine con voce
Nein ich bleibe bis zum Letzten antwortete das junge Mädchen mit Stimme

ferma che fece trasalire vivamente Elias. Pietro alzò il fucile... Il
fester die ließ aufschrecken [hier:] fürchterlich Elias Pietro erhob das Gewehr der

vento, la pioggia, i tuoni scrosciavano fuori con indicibile fragore;
Wind der Regen der Donner brausten draußen mit unsagbaren Lärm

parevano urli umani e rovinare di montagne; la giusta ira
schienen Schreie menschliche und [hier:] einstürzende von Bergen der gerechte Zorn

di Dio per il delitto che consumavasi in quella casa nera e
von Gott für das Verbrechen das sich abspielte in jenem Haus schwarzen und

desolata, abitata da demoni in vesta d' uomini. Pietro mirò Elias; ma
trostlosen bewohnt von Dämonen in Gestalt von Menschen Pietro anvisierte Elias aber

mentre stava per calcare il grilletto un colpo secco e sonoro, che
während war dabei zu senken den Abzug ein Schlag stumpfer und lauter der

non era certo causato dal vento, batté sulla porticina sprangata
nicht war sicherlich verursacht von dem Wind schlug auf das Türchen verriegelte

che dava sul cortile. Si guardarono tutti spaventati, le labbra pallide,
das gab auf den Hof Sich ansahen alle erschrocken die Lippen blass

il cuore immoto, e il fucile ricadde sulle ginocchia di Pietro. Chi
das Herz [hier:] still und das Gewehr fiel zurück auf die Knie von Pietro Wer

poteva essere? Erano dunque scoperti... perduti?...
konnte sein Waren also entdeckt verloren

Ma repente Simona si alzò di scatto e gridando con terrore –
Aber blitzartig Simona sich aufsprang und schrie mit Schrecken

Gabina! Gabina!... – si slanciò verso la porta, a salti, fremendo,
Gabina Gabina sich warf Richtung die Tür mit Sprüngen bebend

come una iena ferita, e aprì... Trovò infatti la piccina, stesa per
wie eine Hyäne verletzte und öffnete Fand tatsächlich die Kleine ausgestreckt auf

terra, bagnata e svenuta. Gabina visto e udito tutto, non aveva
Boden nass und ohnmächtig Gabina gesehen und gehört alles nicht hatte

potuto resistere, ed era svenuta, piena di spavento e d' orrore...
gekonnt wiederstehen und war in Ohnmacht gefallen voll von Furcht und von Schrecken

– Figlia mia!... Gabina, Gabinedda... figliolina mia!... – diceva Simona
Tochter meine Gabina Gabinalein Töchterchen meines sagte Simona

prendendola fra le braccia e portandola accanto al focolare. Vistala
sie nehmend in die Arme und sie bringend neben den Herd Sie gesehen

così livida, fredda, bagnata, con gli occhi chiusi e il volto ancora
so bläulich kalt nass mit den Augen geschlossen und das Gesicht noch

scomposto dallo spavento, Simona la credé morta e – dimenticando
[hier:] verzogen von dem Schrecken Simona sie glaubte tot und vergessend

Elias che divorava la bimba con gli occhi – si mise a piangere
Elias der verzehrte das Kind mit den Augen sich anfing zu weinen

32

spasmodicamente, chiamandola coi più dolci nomi e spogliandola
krampfhaft sie rufend mit den süßesten Namen und sie ausziehend

dai vestiti inzuppati, riscaldandole i piedini contratti
von der Kleidung durchnässten ihr wärmend die Füßchen zusammengezogenen

e baciandola furiosamente.
und sie küssend wild

Ma Gabina non dava segno di vita.
Aber Gabina nicht gab Lebenszeichen

– Gabinedda... Gabinedda mia... cuor mio, dolce cuor mio!
Gabinalein Gabinalein meines Herz meines süßes Herz meines

Ahi! È morta... è morta... la figlia mia adorata, la sola mia gioia!...
Ach Sie ist tot Sie ist tot die Tochter meine angebetete die einzige meine Freude

Fiorellino mio, Gabina, povera, povera... Come faccio io... Dio mio,
Blümchen mein Gabina arme arme Wie mache ich Gott mein
Come faccio = was soll ich nur tun

Dio mio, come farò... È morta... vedete, babbo mio, toccate,
Gott mein wie werde ich machen Sie ist tot schaut Papa mein berühre sie

è morta... è fredda... è morta, Dio mio!...Simona gesticolava e
sie ist tot sie ist kalt sie ist tot Gott mein Simona gestikulierte und

smaniava; pareva impazzisse, e a momenti parlava, a momenti
sich aufregte schien verrückt zu werden und mal sprach sie mal

sorrideva sembrandole che Gabina tornasse in sé, poi ricominciava a
lächelte sie ihr scheinend dass Gabina zurückkehrte zu sich dann fing wieder an zu

piangere come una pazza.
weinen wie eine Verrückte

Tanu e Pietro intanto si guardavano confusi e interdetti. Certo la
Tanu und Pietro inzwischen sich ansahen verwirrt und sprachlos Bestimmt die

piccina aveva inteso e visto tutto. Dunque?... Elias taceva e fissava
Kleine hatte gehört und gesehen alles Also Elias schwieg und anstarrte

sempre la bimba, cupo e disperato. – Oh, se fosse morta, se fosse
immer das Kind düster und verzweifelt Oh wenn wäre gestorben wenn wäre

morta davvero? Zio Tottoi invece, ch' era molto superstizioso,
gestorben wirklich Onkel Tottoi dagegen der war sehr abergläubisch

sorrideva amaramente pensando che là sotto stava la mano di Dio
lächelte bitterlich denken dass dort unten war die Hand von Gott

che li puniva, o almeno li avvertiva; la luce inondava l' anima del
der sie bestrafte oder zumindest sie warnte das Licht flutete die Seele des

vecchio e un grande pensiero gli brillava nella mente. Prese
Alten und ein großer Gedanke ihm aufleuchtete in dem Geist Nahm

Gabina dal grembo di Simona e la pose fra le braccia di Tanu
Gabina aus dem Schoß von Simona und sie legte in die Arme von Tanu

dicendogli: – Portala su, al letto... e tu Pietro, corri e fa venire il
ihm sagend   Bring sie hoch ins Bett und du Pietro lauf und lass kommen den

medico...
Arzt

– Babbo!?! – esclamò il giovine spalancando gli occhi e accennando
Vater   rief aus der Jüngling aufreißend die Augen und deutend auf

Elias, mentre Tanu, obbediente, usciva con Gabina fra le braccia e
Elias während Tanu gehorsam raus ging mit Gabina in den Armen und

Simona dietro col lume.
Simona hinterher mit dem Licht

– Va! – rispose il vecchio. – Va ti dico. Non accadrà nulla di
Geh antwortete der Alte   Geh dir sage Nicht wird geschehen nichts [---]

male!... Fidente nel padre, Pietro che adorava la nipotina, che
Schlechtes Vertrauend in den Vater Pietro der anbetete die kleine Nichte die

anch' egli credeva morta o in fin di vita, depose il fucile e uscì...
auch er glaubte tot oder am Ende des Lebens legte nieder das Gewehr und ging hinaus

Dopo un momento zio Tottoi si avvicinò alla porta e chiamò:
Nach einem Moment Onkel Tottoi sich näherte an die Tür und rief

–Simona, Simona! Scendi... –.
Simona Simona Komm runter

La giovine scese subito. – Simona – mormorò il padre con
Das junge Mädchen kam herunter sofort Simona murmelte der Vater mit

voce solenne e misteriosa. – Gabina ha visto tutto. È la mano di
Stimme feierlicher und geheimnisvoller Gabina hat gesehen alles Es ist die Hand von

Dio... Simona... La giovine comprese; rimase immobile, muta, gli
Gott Simona Das junge Mädchen verstand blieb still stehen stumm die

occhi fissi su Elias, i grandi occhi nel cui fosco brillare si leggeva
Augen fix auf Elias die großen Augen in deren finsterem Leuchten man las

una vera battaglia interna. – È la mano di Dio!... – ripeté il
einen wahren Kampf inneren Es ist die Hand von Gott wiederholte der

vecchio. A un tratto Simona si slanciò verso Elias e sciolse le corde;
Alte Plötzlich Simona sich warf Richtung Elias und löste die Schnüre

libero che fu lo prese per mano, lo condusse al cortile, gli aprì il
frei das war ihn nahm an die Hand ihn führte an den Hof ihm öffnete das

vecchio portone e lo spinse nella via dicendogli:
alte Tor und ihn schob auf die Straße ihm sagend

– Vattene e ricordati di tua figlia!... – E rimase lì finché il passo
Geh und erinnere dich an deine Tochter Und blieb dort bis die [hier:]Schritte

di lui non morì in lontananza, fra gli urli del vento.
von ihm nicht starben in Ferne zwischen dem Lärmen von dem Wind

Il mago
Der Zauberer

Vivevano in fondo al villaggio, uno dei più forti e pittoreschi
Sie lebten an Ende des Dorfes eines von den mehr starken und malerischen

villaggi delle montagne del Logudoro, anzi la loro casetta
Dörfern von den Bergen von den [Gebiet auf Sardinien] sogar das ihre Häuschen

nera e piccina era proprio l' ultima, e guardava giù per
schwarze und kleine war genau das Letzte und schaute runter [hier:] entlang

le chine, coperte di ginestre e di arbusti a grandi macchie.
den Abhängen bedeckt mit Ginster und mit Sträuchern in großen [hier:] Flächen

Filando davanti alla porta, Saveria vedeva il mare in lontananza,
Spinnend vor der Tür Saveria sah das Meer in Ferne

nell' estremo orizzonte, confuso col cielo di platino in estate,
auf dem [hier:]weiten Horizont verschwommen mit dem Himmel aus Platin im Sommer

nebbioso in inverno: cucendo presso la finestra scorgeva una
nebelig im Winter nähend an dem Fenster erblickte eine

immensità di vallate stendentisi ai piedi delle sue montagne, e
Unendlichkeit von Tälern sich erstreckend an den Füßen von den ihren Bergen und

sentiva il caldo profumo delle messi d' oro ondeggianti al sole,
spürte den warmen Geruch von dem Getreide aus Gold sich wiegend in der Sonne

e il sussulto del torrente che scorreva fra le roccie e i
und das [hier:] Rauschen von dem Bach der floß zwischen den Felsen und den

roveti montani.
Bergbüschen

In quella casa piccina e nera, col tetto coperto di muschio giallo
In jenem Haus winzigen und schwarzen mit dem Dach bedeckt mit Moos gelbem

e rossastro, ombreggiata da un vecchio pergolato, fra tanta festa
und rötlichen [hier:] mit Schatten von einem alten Weinlaub zwischen vielen Feiern

di cieli azzurri e di immensi orizzonti silenziosi, da due anni,
mit Himmeln hellblauen und mit unendlichen Horizonten stillen seit zwei Jahren

Saveria viveva la vita più felice che si possa immaginare,
Saveria lebte das Leben mehr glückliche das [man] sich könnte vorstellen

accanto al suo giovane sposo dai grandi occhi ardenti e le labbra
neben dem ihren jungen Mann mit den großen Augen brennenden und den Lippen

rosse come i frutti delle eriche fra cui conduceva i suoi
roten wie die Früchte von dem Heidekraut zwischen denen führte die seinen

armenti, la sola sua ricchezza. Si chiamava Antonio. Anch' esso
Herden der einzige sein Reichtum Sich nannte Antonio Auch er

dacché aveva sposato la piccola signora dei suoi sogni da
seitdem hatte geheiratet die kleine Dame von den seinen Träumen als

pastore, viveva felicissimo; però una leggera nuvola era apparsa dopo
Hirte lebte sehr glücklich aber eine leichte Wolke war aufgetaucht nach

due anni di completa felicità sul cielo sereno della sua
zwei Jahren von totaler Glückseligkeit auf dem Himmel heiteren von der seinen

esistenza. Saveria non lo aveva reso né ancora accennava a
Existenz Saveria nicht ihn hatte gemacht und nicht noch andeutete zu

renderlo padre! Era una cosa ben triste! Egli l' aveva tanto sognato
ihn machen Vater War eine Sache gut traurig Er es hatte viel erträumt
ben triste = sehr traurig

un bel marmocchio bruno come lui che appena in gambe
einen schönen Knirps braunhaarigen wie ihn der sobald auf Beinen

l' avrebbe seguito su e giù, fra i boschi e le valli, aiutandolo
ihn hätte gefolgt hoch und runter zwischen den Wäldern und den Tälern ihm helfend

nelle dure fatiche di pastore; un marmocchio che poi, cresciuto,
in den harten Anstrengungen von Hirten einen Knirps der dann, gewachsen,

avrebbe fatto la gioia e la speranza dei suoi vecchi, e
hätte gemacht die Freude und die Hoffnung von den seinen Alten und

ammogliandosi avrebbe a sua volta tramandato il loro nome e
sich verheiratend hätte seinerseits weitergegeben den ihren Namen und

la discendenza dei loro averi in un altro, e così via per
die Nachkommenschaft von den ihren Herden an einen Anderen und so weiter für

i secoli dei secoli!
die Jahrhunderte von den Jahrhunderten

Tutti gli avi di Antonio erano stati pastori: e questa gloria egli
Alle die Vorfahren von Antonio waren gewesen Hirten und diesen Ruhm er

sognava di continuarla ma come fare se non veniva l' erede? Tutto
träumte zu sie weiterführen aber wie tun wenn nicht kam der Erbe Alles

fu messo in opera; promesse, novene, pellegrinaggi. Antonio andò,
wurde getan in Werk Versprechen 9-tägige Gebete Pilgerfahrten Antonio ging
mettere tutto in opera = alle Hebel in Bewegung setzen

scalzo e a testa nuda, a piedi, sino al celebre santuario della
barfuß und mit Kopf nackten zu Fuß bis zu der bekannten Wallfahrtskirche von der

Madonna dei Miracoli, a Bitti, fece fare una processione, una
Madonna von den Wundern in [Ortschaft] ließ machen eine Prozession eine

messa solenne, e promise di dare tante libbre di cera lavorata
Messe feierliche und versprach zu geben viele Pfunde von Wachs bearbeiteten

alla Madonna quante ne avrebbe pesate il futuro figliolino, ma tutto
an die Madonna wie es hätte gewogen der zukünftige kleine Sohn aber alles

fu inutile.
war umsonst

Saveria restava sottile, sottile, elegante nel suo costume dal
Saveria blieb dünn dünn elegant in der ihren Kleidung [bestehend] aus dem

corsetto giallo e la camicia ricamata, e la casa non veniva
Korsett gelben und der Bluse bestickten und das Haus nicht wurde

ancora rallegrata dagli strilli del sognato bambino né dal
immer noch erfreut von den Schreien von dem erträumten Kind auch nicht von dem

canto della mamma accompagnata dal cigolio della culla.
Gesang von der Mutter begleitet [hier:]durch das quietschen von der Wiege

Era una ben triste, triste cosa! Se ne aveva già deposta
War eine [hier:] ziemlich traurige traurige Sache Sich davon hatte bereits abgelegt

l' ultima speranza allorché un giorno un' amica di Saveria venne a
die letzte Hoffnung als eines Tages eine Freundin von Saveria kam zu

trovarla e le disse con profondo mistero, dopo i primi
sie besuchen und ihr sagte mit tiefem Geheimnis nach den ersten

complimenti: – Non sapete dunque, comare Sabé?
Komplimenten Nicht wisst also Cousine Sabé

Comare = Anrede zwischen Frauen die sich gut kennen [veraltet]

Peppe Longu mi ha detto che voi non fate figli perché... –
Peppe Longu mir hat gesagt dass ihr nicht macht Kinder weil

Perché?... – chiese attenta Saveria con gli occhi spalancati.
Weil fragte aufmerksam Saveria mit den Augen weit aufgerissenen

– Perché? – seguitò l ' altra abbassando la voce. – Ci scampi Iddio,
Weil fuhr fort die Andere senkend die Stimme Uns [hier:] bewahre Herrgott

ma voi lo sapete, Peppe è un mago di prima qualità, così almeno
aber ihr es wisst Peppe ist ein Zauberer der ersten Qualität so zumindest

dicono tutti... e lui stesso mi ha detto che è per opera di una sua
sagen alle und er selbst mir hat gesgat dass ist durch Werk von einem seiner

magia che voi non avete figli.–
Zauber dass ihr nicht habt Kinder

– Liberanosdomine! – esclamò Saveria ridendo e facendosi il segno
[sardisches Gebet] rief aus Saveria lachend und sich machend das Zeichen

della croce.
von dem Kreuz

farsi il segno della croce = sich bekreuzigen

Come tutte le donnicciole del villaggio essa era superstiziosa e
Wie all die Frauchen aus dem Dorf sie war abergläubisch und

credeva alle magie, anzi una volta aveva visto con i propri
glaubte an die Zauberei besser noch einmal hatte gesehen mit den eigenen

occhi un fantasma bianco vagare per i monti, ma che poi Peppe
Augen einen Geist weißen wandern durch die Berge aber dass dann Peppe

Longu, per quanto fosse mago, arrivasse a quel punto, ah,
Longu [hier:] wie sehr [auch] sei Zauberer käme zu jenen Punkt ah

Arrivare al punto di fare qualcosa = so weit gehen etwas zu tun

questo era troppo! Ma l' altra proseguì, offesa dell' incredulità di
dies war zu viel Aber die Andere fuhr fort beleidigt von der Ungläubigkeit von

Saveria, e tanto disse che finì per convincerla.
Saveria und viel sagte dass sie endete mit sie überzeugen

37

Dopo un' ora di chiacchiere accanto al focolare, sulle cui brace
Nach einer Stunde der Plauderei neben dem Herd auf dessen Glut

Saveria aveva posto a bollire il caffè, ell'era così convinta della
Saveria hatte gestellt zum Kochen den Kaffee sie war so überzeugt von den

magia di Peppe che chiese pensosa alla comare:– E... ditemi, non
Zauberkünsten von Peppe dass fragte nachdenklich die Cousine Und sagt mir nicht

la potrebbe disfare questa opera infernale?
es könnte auflösen dieses Werk höllische

– Questo poi no, mi ha detto, questo no! Pare che abbia dell' astio
Dieses dann nicht mir hat gesagt dieses nicht Scheint das hätte einen Groll

contro vostro marito!...
gegen euren Ehemann

All' imbrunire Antonio comparve in fondo alla strada rocciosa sul
Bei Dämmerung Antonio erschien hinten am Weg steinigen auf dem

suo cavallino nero e la bisaccia gonfia di formaggio fresco e di
seinen Pferdchen schwarzen und die Satteltasche prall mit Käse frischem und mit

ricotta. Mentre scaricava tutto sotto il pergolato, Saveria lo informò
Hirtenkäse Während ablund alles unter der Weinlaube Saveria ihn informierte

di tutto: egli non rise, ma aggrottando le folte sopracciglia si
über alles er nicht lachte aber runzelnd die dichten Augenbrauen sich

contentò di scuotere la testa. E quando tutto fu rimesso in ordine,
zufrieden gab zu schütteln den Kopf Und als alles war wieder getan in Ordnung

cavallo, bisaccia ed entrata, Antonio si sedette a piedi in croce
Pferd Satteltasche und Einnahmen Antonio sich setzte mit Füßen im Kreuz

a piedi in croce = im Schneidersitz

accanto al focolare e si fece ripetere la strana novità.
neben den Herd und sich ließ wiederholen die seltsame Neuigkeit

– Ma che diavolo avete con Peppe? Perché si vendica così
Aber was zum Teufel habt ihr mit Peppe Weil sich rächt so

orribilmente? – domandò alla fine Saveria con grande serietà.
fürchterlich fragte am Schluss Saveria mit großem Ernst

– Nulla!... – rispose Antonio. – A meno che non sia perché mi rido
Nichts antwortete Antonio Außer nicht es sei weil mich lache

sempre delle sue magie!
immer über die seine Zaubereien

– È male! Non hai visto come ha disperso le cavallette che
Es ist schlecht Nicht hast gesehen wie hat vertrieben die Heuschrecken die

rovinavano la vigna di Don Giovanni? E quelle di Jolgi Luppeddu?...
zerstörten den Weinberg von Don Giovanni Und jene von Jolgi Luppeddu

– È vero... è vero... ma! Vedremo! Domani gli parlerò.
Es ist wahr es ist wahr aber Wir werden sehen Morgen [mit] ihm werde reden

– Ah, se sciogliesse la magia!... – esclamò Saveria.
Ah wenn brechen würde den Zauber rief aus Saveria

Quella notte i due sposi sognarono nuovamente un bel bambino
Jene Nacht die zwei Eheleute träumten erneut ein schönes Kind

bruno; ma l' indomani, per quante preghiere Antonio gli facesse,
braunhaariges aber am nächsten Morgen so sehr Bitten Antonio ihm machte

il mago del villaggio rifiutó assolutamente di disfare l' incantesimo.
der Zauberer des Dorfes lehnte ab absolut zu lösen den Zauber

Era un tipo alquanto misterioso quel mago: viveva come tutti gli
War ein Typ äußerst geheimnisvoll jener Zauberer lebte wie alle die

altri uomini del mondo, però non lavorava mai. È vero che oltre le
anderen Menschen der Welt aber nie 1... arbeitete ...1 Es ist wahr dass außer den

magie pubbliche di cui si vantava, come l' uccidere le cavallette e
Zaubern öffentlichen von denen sich rühmte wie das Töten der Heuschrecken und

il guarire le pecore malate con semplici parole misteriose, per cui non
das Heilen der Schafe kranken mit einfachen Worten geheimnisvollen für die nicht

accettava ricompenso alcuno egli riceveva molte visite notturne; però
annahm Lohn jeglichen er erhielt viele Besuche nächtliche aber

nessuno ci badava e generalmente si credeva che i geni che
niemand [hier:] darauf achtete und üblicherweise man glaubte dass die Geister die

egli aveva al suo comando gli dessero il denaro e le provviste
er hatte unter seinem Befehl ihm gaben das Geld und die Verpflegung

che abbondavano nella sua catapecchia.
die reichlich vorhanden waren in der seinen Bruchbude

Ma forse Antonio la pensava diversamente perché, viste mal riuscite
Aber vielleicht Antonio es dachte anders weil gesehen schlecht gelungen

tutte le sue preghiere e anche le sue minaccie, si recò una notte
all die seinen Bitten und auch die seinen Drohungen sich begab eine Nacht

da Peppe e gli promise un bel luigi d'oro purché sciogliesse
zu Peppe und ihm versprach einen schönen [Goldmünze] wenn nur breche

finalmente la fatale magia. Sulle prime Peppe fece il sordo, si
endlich den schicksalhaften Zauber Zuerst Peppe machte den Gehörlosen sich

mostrò anzi scandalizzato, come un artista a cui si proponga un
zeigte sogar entsetzt wie ein Künstler dem man vorschlägt einen

affare che spoetizzi i suoi ideali; ma poi, visto realmente lo
Handel der ernüchtert die seinen Ideale aber dann gesehen wirklich den

splendore del luigi, chissà donde il pastore lo aveva tratto! cedé
Glanz der [hier:] Münze wer weiß woher der Hirte ihn hatte geholt gab nach

a poco a poco e gridò:
nach und nach und schrie

– Ebbene, sì! Lo faccio però per amicizia e pietà di Saveria; ma tu
Nun gut ja Es tue aber aus Freundschaft und Mitleid mit Saveria aber du

non lo meriti, tu che mi hai sempre deriso!...
nicht es verdienst du der mich hast immer ausgelacht

Antonio protestò; Peppe allora l' avvertì di trovarsi l' indomani notte
Antonio protestierte Peppe also ihm [hier:]sagte zu sich finden am nächsten Tag nachts

in un sito deserto della montagna, col fucile scarico, una
in einem Ort menschenleeren von den Bergen mit dem Gewehr nicht geladenen einer

tovaglia bianca e due ceri. Antonio lasciò la moneta al mago e
Tischdecke weißen und zwei Kerzen Antonio ließ die Münze dem Zauberer und

promise tutto; però, allorché si trovò sulla strada oscura, minacciò
versprach alles aber sobald sich befand in der Straße dunklen androhte

col pugno la casa rovinata da cui era uscito e sogghignò:
mit der Faust das Haus heruntergekommene von dem war herausgegangen und grinste

– Vedremo!
Wir werden sehen

L' indomani notte fu il primo ad arrivare al convegno: era un sito
Am nächsten Tag nachts war der Erste zu ankommen an dem Treffpunkt war ein Ort

orrido e dirupato reso fantastico dal chiarore dorato della
furcht einflößender und schroffer gemacht fantastisch durch den Schein güldenen von dem

luna al tramonto. Nella notte serena non spirava un alito di brezza,
Mond beim Untergang In der Nacht heiteren nicht wehte ein Hauch von Lüftchen

e i rovi fioriti, le liane nere e il muschio odoravano nel
und die Büsche aufgeblühten die Lianen schwarzen und das Moos dufteten in der

silenzio misterioso delle roccie illuminate dalla luna. Il pastore
Stille geheimnisvollen von den Felsen erleucht von dem Mond Der Hirte

depose il fucile che, secondo la raccomandazione di Peppe, non
legte nieder das Gewehr das [hier:] laut der Empfehlung von Peppe nicht

aveva caricato, la tovaglia, e i ceri su un masso e attese...
hatte geladen die Tischdecke und die Kerzen auf einen Felsblock und wartete

Peppe non tardò. Le sue prime parole furono: – È giusta l' ora!
Peppe nicht verspätete Die seinen ersten Worte waren Es ist genau die Stunde

Mezzanotte –. Stese la tovaglia su una larga pietra nuda e
Mitternacht Ausbreitete die Tischdecke auf einem großen Stein nackten und

isolata dalle altre, fissò i ceri in terra e fece stendere,
getrennt von den Anderen fixierte die Kerzen im Boden und ließ ausbreiten

per un secondo, il pastore. Quando si rialzò Antonio vide i
für eine Sekunde den Hirten Als sich wieder aufstand Antonio sah die

ceri accesi e il fucile posto sulla tovaglia. – Cominciamo! –
Kerzen angezündet und das Gewehr gelegt auf die Tischdecke Fangen wir an

disse Peppe.
sagte Peppe

40

E infatti cominciò a fare mille pantomime che Antonio seguiva con
Und tatsächlich begann zu tun tausend [hier:] Gesten denen Antonio folgte mit

occhio torvo e con un sorriso di sdegno sulle labbra. Più che mai
Augen finsteren und mit einem Lächeln von Abwertung auf den Lippen Mehr denn [hier:] je

si sentiva in vena di deridere il mago; ma qual non fu il suo
sich fühlte in Stimmung zu auslachen den Zauberer aber was nicht war der seine

spavento quando Peppe rivoltosi alla pietra coperta dalla tovaglia, la
Schrecken als Peppe sich gewandt an den Stein bedeckt von der Tischdecke ihn

interrogò in un linguaggio strano che probabilmente doveva
befragte in einer Sprache seltsamen die wahrscheinlich sollte

passare per latino, e la pietra rispose, con voce flebile, lugubre,
durchgehen als Latein und der Stein antwortete mit Stimme schwacher schauriger

uscente di sotterra, nel medesimo linguaggio?... In pari tempo i
kommend von unter der Erde in der selben Sprache Zugleich die

ceri si spensero da sé senza che tirasse vento o che Peppe si
Kerzen sich gingen aus von selbst ohne dass wehte Wind oder dass Peppe sich

chinasse su di essi. Si rivolse invece verso il pastore che tremava
beugte über [---] sie Sich wendete indes zu dem Hirten der zitterte

come una foglia e gli disse: – La pietra mi risponde che... il fucile
wie ein Blatt und ihm sagte Der Stein mir antwortet dass das Gewehr

tremare cone una foglia = zittern wie Espenlaub

risponderà se la magia sì è sciolta o no !...
wird antworten ob der Zauber ja ist gebrochen oder nicht

– Come? – chiese Antonio richiamato in sé dalla voce del mago.
Wie fragte Antonio wiedergerufen in sich von der Stimme des Zauberers

– Era scarico il tuo fucile?...
War entladen das deine Gewehr

– Sì perdio! – esclamò il pastore.
Ja Herrgott rief aus der Hirte

– Ebbene, piglialo e spara in aria: se fa fuoco è segno che
Nun gut nimm es und schieß in Luft wenn feuert ist Zeichen dass

l' incantesimo è sciolto!
der Zauber ist gebrochen

Antonio, oramai preparato ad assistere a tutte le meraviglie del
Antonio bereits vorbereitet zu teilnehmen an all den Wundern der

mondo ma non a quest' ultima, si accostò alla pietra parlante, prese il
Welt aber nicht an dieses letzte sich näherte an den Stein sprechenden nahm das

fucile e sparò...
Gewehr und schoss

Peppe cadde al suolo, senza emettere un solo gemito, col cuore
Peppe fiel zu Boden ohne herausbringen ein einziges Stöhnen mit den Herz

trapassato da una palla. Invece di sparare in aria, Antonio lo aveva
durchbohr von einer Kugel Anstatt zu schießen in Luft Antonio ihn hatte

41

preso di mira... Dopo il suo involontario delitto, perché, nonostante
anvisiert Nach dem seinen ungewollten Verbrechen weil trotz

tutto, credeva che il fucile non facesse fuoco, il pastore pensò di
allem glaubte dass das Gewehr nicht feuern würde der Hirte dachte zu

darsela a gambe ma poi rifletté che nessuno sapeva nulla di tutta
fliehen aber dann dachte er nach dass niemand wusste nichts von all

questa faccenda, e... ripiegò la tovaglia, riprese i ceri e il
dieser Angelegenheit und faltete die Tischdecke nahm wieder die Kerzen und das

fucile e ritornò al villaggio camminando sulle rupi in modo da
Gewehr und ging zurück zu dem Dorf gehend auf den Felsen so dass

non lasciare alcuna traccia dietro di sé, e passò tranquillamente il
nicht hinterließ jegliche Spur hinter [---] sich und verbrachte ruhig den

resto della notte con la sua adorata Saveria....
Rest von der Nacht mit der seinen angebeteten Saveria

Sempre incredulo in fatto di magie, il forte pastore dai grandi occhi
Immer ungläubig bezüglich Zauberei der starke Hirte mit den großen Augen

ardenti non seppe mai spiegarsi come la pietra avesse parlato, come
brennenden nie1... wusste ...1 sich erklären wie der Stein hatte gesprochen wie

si spensero i ceri e come il fucile aveva fatto fuoco; però
sich ausgingen die Kerzen und wie das Gewehr hatte gefeuert aber

nove mesi dopo ebbe la gioia di pigliare fra le sue braccia
neun Monate später hatte die Freude zu nehmen zwischen die seinen Arme

robuste un bel marmocchio di cui Saveria lo rese padre. Allora
kräftigen einen schönen Knirps von dem Saveria ihn machte Vater Also

si pentì amaramente di non aver sparato in aria; ma non potendo far
sich bereute bitterlich zu nicht haben geschossen in Luft aber nicht könnend tun

rivivere il mago, si accontentò di fargli dire una messa di
wiederbeleben den Zauberer sich gab zufrieden zu ihm lassen sagen eine Messe der

suffragio nella vecchia chiesetta della montagna.
Fürbitte in der alten kleinen Kirche von den Bergen

Messa di suffragio = Messe in der die Gemeinde für jemand anderen bittet

Ancora magie
Noch mehr Zauberei

Zio Salvatore, il nostro vecchio fattore, cominciò:– Figlioli miei, io
Onkel Salvatore der unsere alte Gutsverwalter begann Kinderlein meine ich

non sono stato sempre agricoltore: ero nato per diventare qualcosa
nicht bin gewesen immer Landwirt war geboren um zu werden etwas

di grande, prete almeno, ma i casi e l' estrema povertà della mia
[---] Großes Pastor zumindest aber die Zufälle und die äußerste Armut von der meinen

buona mamma, non lo permisero. Tuttavia durante la mia
guten Mama nicht es erlaubten Trotzdem während der meinen

42

fanciullezza feci il sagrestano nella nostra chiesetta di San Giuliano,
Kindheit machte den Kirchendiener in der unseren kleinen Kirche von [Ortschaft]

e solo quando, smessa ogni vocazione religiosa, pensai di
und nur als aufgehört jede Berufung religiöse dachte ich zu

ammogliarmi, mi scossi via il profumo d' incenso e di cera che
mich verheiraten mich schüttelte [hier:] ab den Geruch von Weihrauch und von Wachs der

incenso = Weihrauch, wird in der katholischen Kirche als kultisches Mittel benutzt

esalava dalle mie vesti, e, vestitemi i pantaloni mi posi a
ausströmte von der meinen Kleidung und mir angezogen die Hosen mich stellte zu

lavorare la terra.
arbeiten den Boden

Sentite dunque: era l' ultimo anno della mia segrestania e contavo
Hört also war das letzte Jahr von der meiner Kirchendiener-Tätigkeit und zählte

già ventidue anni. Una sera di novembre, all' imbrunire, me ne
bereits zweiundzwanzig Jahre Einen Abend von November an der Dämmerung mich [---]

stavo seduto al di fuori della nostra casetta, sul carro di un
blieb gesessen an dem Draußen von dem unseren Häuschen auf dem Karren von einem

vicino, e guardavo in fondo alla via. Siccome faceva freddo
Nachbarn und schaute ans Ende [hier:] von der Straße Da [hier:] war kalt

nessuno si degnava di tenermi compagnia, e anch'io, certo se non
niemand sich herabließ [---] mir zu halten Gesellschaft und auch ich sicherlich wenn nicht

fossi stato spinto da un forte motivo, non sarei rimasto là.
wäre gewesen [hier:] verleitet von einem starken Grund nicht wäre geblieben dort

Vedevo i monti, già coperti di neve, tutti velati di nebbia, sentivo
Ich sah die Berge schon bedeckt mit Schnee alle verschleiert mit Nebel spürte

giù dal cielo fosco stillare un' umidità gelata che trapassava il
schon von dem Himmel dunklen tropfen eine Feuchtigkeit eiskalte die durchdrang den

mio cappotto, e il vento freddo m' imporporava il naso, eppure non
meinen Mantel und der Wind kalte mir rötete die Nase und doch nicht

mi muovevo. Il campanile nero di San Giuliano, facendo di
mich bewegte Der Glockenturm schwarze von [Ortschaft] hervorguckend 1... von

tanto in tanto capolino fra la nebbia e le tinte fosche dell'
viel in viel ...1 zwischen dem Nebel und den Farben dunklen von der

di tanto in tanto = hin und wieder

imbrunire, mi avvertiva esser l' ora di recarmi a suonare l'
Dämmerung mir [hier:] schien sein die Stunde zu mich begeben zu [hier:] läuten das

ave, eppure io restavo là duro, stecchito, immemore del
Ave und doch ich blieb dort [hier:] hartnäckig [hier:] steif nicht gedenkend von der

l'ave = das Ave Maria, ein Grundgebet der kath. Kirche

mio dovere.
meinen Pflicht

Ciò che più mi tentava era l' allegro schioppettare del fuoco, dentro,
Das was mehr mich versuchte war das fröhliche Knistern von dem Feuer drinnen

nella nostra cucina calda dove mamma preparava un buon
in der unseren Küche warmen wo Mama zubereitete eine gute

minestrone di fagioli con cavoli, un vero lusso sapete, aizzando ogni
Suppe aus Bohnen mit Kohl ein wahrer Luxus wisst ihr antreibend jedes

tanto con la sua voce l' asinello che funzionava ancora,
viel mit der ihren Stimme den Esel der funktionierte noch

ogni tanto = hin und wieder

monotono e lento, intorno alla macina in un angolo della cucina.
eintönig und langsam um herum den Mühlstein in einer Ecke von der Küche

Guardavo ogni tanto il tetto basso e umido che fumava e il
Schaute an jedes viel das Dach niedrige und feuchte das rauchte und die

pensiero del buon fuoco accresceva il mio freddo, pure non mi
Gedanken des guten Feuers steigerten die meine Kälte obwohl nicht mich

muovevo, come fossi incantato. Ah, sì, ero proprio incantato.
bewegte als wäre verzaubert Ah ja war wirklich verzaubert

Un' ora prima, all' uscita della novena, Graziarosa, mi aveva detto
Eine Stunde zuvor beim Rausgehen von dem 9-Tages-Gebet Graziarosa mir hatte gesagt

con mistero: −"Compare Batò, devo parlarvi: attendetemi fra
mit Geheimnis Kumpan Batò muss mit euch reden wartet auf mich in

Compare = Anredeform für einen alten Freund

un' ora davanti a casa vostra". Graziarosa parlarmi, darmi un
einer Stunde vor dem Haus eurem Graziarosa mit mir reden mir geben ein

convegno! Era una cosa che io non sognavo neppure: perché
Treffen Es war eine Sache die ich nichtmal 1... träumte ...1 weil

Darsi convegno = sich verabreden

dovete sapere che, innamorato pazzo di lei, lei non mi aveva mai
ihr müsst wissen dass verliebt verrückt in sie sie nicht mir hatte [hier:] je

innamorato pazzo = wahnsinnig verliebt

voluto ascoltare, anzi mi derideva chiamandomi: compare
gewollt zuhören im Gegenteil mich auslachte mich nennen Kumpan

campanile! Come soffrivo Dio Santo!
Glockenturm Wie litt Gott Heiliger

Graziarosa si credeva un granché perché serviva in casa del
Graziarosa sich glaubte [hier:] etwas Besonderes weil diente in Haus des

Sindaco, il più ricco signore del paese, e accompagnava la
Bürgermeisters der am meisten reiche Herr des Dorfes und begleitete die

padroncina Donna Daniela, a passeggio. Era una bella ragazza,
kleine Herrin Dame Daniela beim spazierengehen Sie war ein schönes Mädchen

Graziarosa, con gli occhi verdi, e io ne andavo pazzo: ma lei
Graziarosa mit den Augen grünen und ich [hier:] nach ihr ging verrückt aber sie

Andare pazzo di qualcosa = verrückt sein nach etwas

non mi dava uno sguardo,　　anzi　pretendeva di　maritarsi con　un
nicht mir gab einen Blick　　im Gegenteil　tat so　　zu sich verheiraten mit einem

signore! Figuratevi però che　　　signore! Uno che avesse pantaloni,
Herren　Stelt euch vor　aber　was [für ein] Herr　Einer der　hatte　Hosen

ecco, talché io, esasperato, quando lo seppi, le cantai persino sotto la
so　somit ich　verzweifelt　als　es wusste ihr　sang　sogar　unter dem

sua finestra, una canzone infame: Teracas chi signoras bos cheries...
ihren Fenster　ein　Lied　schändliches Dienerin was　Herren　ihr　wollt

Teracas chi signoras bos cheries = sardischer Dialekt

Essa minacciò di　farmi　　bastonare　　da suo　fratello: io
Sie　drohte　zu mich lassen mit einem Stock schlagen von ihrem Bruder　ich

stavo per　farle comporre una poesia scandalosa da　un poeta che
war　dabei ihr lassen dichten　ein　Gedicht　skandalöses　von einem Dichter der

scriveva così canzoni per l' uno e per l' altro mediante la
schrieb so　Lieder　für den einen und für den anderen　mittels　der

ricompensa di sette pezzas,　allorché mi diede il convegno, con buona
Belohnung　von sieben [Münzen]　als　mir gab das Treffen　mit gutem

grazia　e chiamandomi insolitamente　col mio vero nome.
Wohlwollen und mich rufend　ungewöhnlicherweise mit dem meinen richtigen Namen

Ecco perché, io che, ben potete figurarvi,　l' amavo sempre, me ne
Deswegen　ich der gut könnt euch vorstellen sie liebte immer　mich [---]

stavo quella sera al fresco, trangugiandomi la nebbia e col naso
blieb jenen Abend im Kühlen mir schluckend　den Nebel und mit der Nase

rosso...Come Dio volle Graziarosa arrivò: ritornava dalla fonte, le mani
roten Wie Gott wollte Graziarosa kam kam zurück von der Quelle die Hände

avvolte nel grembiule e il viso livido dal freddo. Appena la vidi mi
gewickelt in die Schürze und das Gesicht bläulich von der Kälte Sobald sie sah mich

alzai di scatto e le andai incontro palpitando e mormorando:"Che
erhob ruckartig und [ich] ihr ging entgegen herzklopfend und murmelnd Was

diavolo! Vi attendo da due ore, sapete. Ed ho da suonare l' ave!".
Teufel Euch erwarte seit zwei Stunde wisst ihr Und habe zu leuten das Ave

Che diavolo = was zum Teufel!

Un sorriso beffardo le increspò le labbra: depose l' anfora su un
Ein Lächeln spöttisches ihr kräuselte die Lippen abstellte den Krug auf ein

muricciuolo e mi rispose, guardandosi attorno: "Altro che ave,
Mäuerchen und mir antwortete sich schauend um Anderes als Ave

Altro che = ach was!

compare mio! Si tratta di　scudi. Volete guadagnarvene
Kumpan mein Es sich handelt um [hier:] Geldmünzen Wollt ihr euch verdienen

venti?". La fissai bene, e pensai: "A che vuol concludere?". Anch' io
zwanzig Sie ansah gut und dachte Zu was will sie abschließen Auch ich

a che vuol concludere? = worauf will sie hinaus?

45

mi guardai attorno, ricordandomi la sua minaccia, e dubitando che il
mich schaute   um   mich erinnernd   die ihre Drohung   und zweifelnd   dass der

fratello fosse là dietro il muro, ma   non   vidi nessuno.
Bruder   sei   da hinter der Mauer aber niemanden 1... sah   ...1

Solo a venti passi la mia casetta   nera,   fra   la nebbia invadente
Nur   in zwanzig Schritten das meine Häuschen schwarze zwischen dem Nebel   einnehmenden

e il rumore minimo della nostra macina mossa dall' asinello,
und das Geräusch minimale von der unseren Mühle   bewegt von dem Esel

Graziarosa si accorse della mia... stavo   per dire paura. "Su, – disse,
Graziarosa sich bemerkte von der meinen war dabei zu sagen Angst   Auf,   sagte

facendosi seria, – non state a fare il matto. Non ho tempo da perdere.
sich machend ernst   nicht bleibt zu tun den verrückten Nicht habe Zeit   zu verlieren

Ditemi se volete guadagnarvi venti scudi...". Assicuratomi che parlava
Sagt mir ob wollt euch verdienen   zwanzig [Münzen]   Mich versichert   das sprach

sul serio e visto che potevo   fare il galante senza correre alcun
im Ernst und gesehen dass konnte machen den Kavalier ohne   laufen   jegliche

pericolo cominciai a far gli occhi languidi imbambolati, e risposi:
Gefahr   fing an   zu machen die Augen schmachtend verträumt   und antwortete

"Comare Graziarò, se dite davvero, e se si tratta di farvi un
Cousine   Graziarò wenn sagt ernsthaft und wenn sich handelt zu euch tun einen

piacere, parlate pure subito... Già, lo sapete, io sono pronto a gettarmi
Gefallen sprecht ruhig sofort   Schon es wisst ich bin bereit zu mich werfen

nel fuoco per voi: purché mi vogliate un   po' di bene, io, senz'altra
ins Feuer für euch wenn nur mir   wollt   ein bisschen von gut ich ohne andere
          volere un pò di bene = ein wenig gern haben

ricompensa, vado all' inferno...".
Belohnung   gehe in die Hölle

"Ufh!... – esclamò la ragazza fissandomi. – Siete un fanfarone! E non
Uff   rief aus das Mädchen mich anschauend   Seid ein Prahler   Und nicht

che andare all' inferno, ma scommetto che non mi farete il
das gehen in die Hölle aber   wette   dass nicht mir werdet tun den

piacere che vi chiedo, che è poi per altri... Vi sono cento lire per me
Gefallen den euch frage   der ist dann für andere   Drin sind hundert Lire für mich
          Lire = ehemalige italienische Währung

e cento per voi, senza contare l'amore che d' ora innanzi vi
und hundert für euch ohne   zählen die Liebe   die von Stunde fortan euch
          d'ora immamzi = von jetzt an

porterò...".
werde bringen

Queste ultime parole mi entusiasmarono tanto che, non sapendo come
Diese letzten Worte mich begeisterten   viel dass nicht wissend wie

46

meglio ringraziare Graziarosa, cercai di darle qualche carezza,
besser danken Graziarosa versuchte ihr zu machen einige Liebkosungen

sembrandomi già di aver qualche dritto su di lei. Ma essa
mir erscheinend schon zu haben einiges Recht auf [---] sie Aber sie

indietreggió dicendo: "Abbassa le mani, compà, o vi piglio a schiaffi...
gab zurück sagend Runter die Hände Kumpan oder euch ohrfeige

ohé!". Brutto prologo del suo promesso amore! Siccome la notte
he! Grässliches Vorwort der ihren versprochenen Liebe Da die Nacht

avanzava e il vento strideva più forte fra la nebbia, Graziarosa
[hier:] hereinbrach und der Wind lärmte mehr stark zwischen dem Nebel Graziarosa

proseguì: "Stanotte di certo la padrona mi manda via...
fuhr fort Heute Nacht sicherlich die Herrin mich schickt weg

Dunque facciamo presto. Prima però di dirvi di che
Also machen wir schnell Bevor aber zu euch sagen von was

si tratta, bisogna che mi giuriate di non svelare mai nulla,
sich handelt, ist nötig dass mir schwört dass nichts ...1 werdet verraten nie ...1

e che mai pronuncerete il nome mio se narrate
und dass nie werdet aussprechen den Namen meinen wenn erzählt

questo fatto!". Io, appunto perché sapevo che avrei fatto il
dieses Ereignis Ich gerade weil wusste dass hätte getan das

contrario, conoscendo bene il mio carattere, proferii i più orribili
Gegenteil kennend gut den meinen Charakter legte ab die mehr schrecklichsten

giuramenti.
Schwüre

Allora Graziarosa, a voce sommessa, mi comunicó ció che voleva: era
Also Graziarosa in Stimme leiser mir mitteilte das was wollte war

qualcosa di orrendo per me. Si trattava nientedimeno che di
etwas [---] schreckliches für mich Es sich handelte [hier:] nichts Geringeres als zu

darle, mediante la sopradetta ricompensa di venti scudi e il suo
geben ihr durch die obengenannte Belohnung von zwanzig [Münzen] und der ihren

futuro amore, un po' di olio santo! Diventai pallido nel pensare
zukünftigen Liebe ein wenig von Öl heiligem Wurde blass in dem Denken

olio santo = Salb-Öl, das in der kath. Kirche verwendet wird

che mi credevano capace di tanto: tremai tutto allorché sentii che l'
das mich glaubte fähig zu viel zitterte ganz als spürte dass das

olio santo doveva servire per una magia; ma per quante preghiere
Öl heilige musste dienen für einen Zauber aber für viele Bitten

per quante preghiere facessi ... = wie sehr ich auch bittete...

facessi, Graziarosa non volle dirmi che sorta di magia fosse e per
machte Graziarosa nicht wollte mir sagen welche Art der Zauberei sei und für

chi servisse.
wen diente

Naturalmente negai, con orrore e terrore, compiere questo
Natürlich lehnte ich ab mit Schrecken und Furcht begehen dieses

sacrilegio, per quanto mi   tentasse   sempre la strana promessa
Sakrileg   für   viel   mich in Versuchung führte   immer   das seltsame Versprechen

Il sacrilegio = ein Vergehen gegen Heiliges
Per quanto = wie sehr auch

dell' amore di Graziarosa e un pochino anche le cento lire. Oh,
von der Liebe   von Graziarosa   und ein klein wenig   auch   die hundert Lire   Oh

avere cento lire e saldare con essi l' unico debito che aveva la
haben hundert Lire und begleichen mit ihnen die einzigen Schulden die   hatte die

mamma sin dal tempo in cui era morto il babbo! Cento lire!
Mama   seit von der Zeit   in der war gestorben der Papa   Hundert Lire

Erano per me un sogno, grande quanto quelli che mi dava la disperata
Waren für mich ein Traum   groß   wie   jene die mir gaben die verzweifelte

passione per Graziarosa, ma averli a quel prezzo! Prima mi fossero
Leidenschaft für   Graziarosa   aber sie haben zu dem Preis   Eher   mir wären

piombati cento fulmini! Avrei ucciso meglio un uomo! E lo dissi
heruntergefallen hundert Blitze   Hätte getötet [hier:] eher einen Mann   Und es sagte

mi fossero piombati cento fulmini = mich hätten getroffen hundert Blitze

francamente alla ragazza.
ehrlich   zu dem Mädchen

"Vedete, avevo ragione io! E dicevate di andare all'inferno!...".
Schaut   hatte Recht ich Und sagtet zu gehen in die Hölle

"Oh, chiedetemi tutto ciò che volete, ditemi di fare qualunque altro
Oh   fragt mich   alles das was wollt   sagt mir zu tun   jegliches   andere

delitto e lo farò per voi, ma questo no, questo no, no, no...".
Verbrechen und es werde tun für euch aber dieses nein dieses nein nein nein

Dopo lunga contesa Graziarosa se ne andò via pestando i piedi ed io
Nach langem Streit   Graziarosa sich [---] ging weg stampfend die Füße und ich

rimasi come un sonnambulo, là, a occhi aperti senza vedere nulla, con
blieb wie ein Schlafwandler da mit Augen offenen ohne sehen nichts mit

tanto di naso rosso fra la nebbia, chiedendomi se tutto non era un
viel von Nase roter zwischen dem Nebel   mich fragend   ob alles nicht war ein

con tanto di ... = mit so ...

sogno.
Traum

Quella sera a San Giuliano non si suonò l' ave, ed io non   presi
Jenen Abend in [Ortschaft]   nicht man läutete das Ave und ich keinen 1... nahm

alcun gusto al minestrone di fagioli preparato dalla mamma, la
...1 Gefallen an der   Suppe   von Bohnen zubereitet von der Mama die

quale mi disse: "Sei malato!". E volle farmi bere del latte caldo per
jene mir sagte Bist krank Und wollte mich lassen trinken die Milch warme um

farmi   sudare!
mich lassen schwitzen

Circa un mese dopo, causa un gran temporale, rovinò il tetto a una
Etwa einen Monat später Grund ein großes Gewitter   ruinierte das Dach bei einem

48

casa vicina alla chiesa: la sventura volle che quella casa fosse appunto
Haus nahe an der Kirche das Unglück wollte dass jenes Haus sei genau

quella del nostro creditore che, povero come noi, ci scongiurò a
jenes von unserem Geldgeber der arm wie wir, uns anflehte zu

pagarlo alla fine, dopo tanti e tanti anni. Non avevamo neppure dieci
ihn bezahlen endlich nach vielen und vielen Jahren Nicht hatten wir auch nur zehn

franchi disponibili, sicché pregammo tanto il nostro creditore ad
[Münzen] zur Verfügung so dass bitteten sehr den unseren Geldgeber zu

avere pazienza, ma come poteva pazientare quel povero diavolo con
haben Geduld aber wie konnte gedulden jener arme Teufel mit

la casa scoperta? E in inverno? In breve: citò la mamma. Fu quella
dem Haus abgedeckten Und in Winter In Kürze anführte die Mama War jener

una brutta giornata per noi che non sapevamo neanche di che
ein schlechter Tag für uns die nicht einmal1... wussten ...1 von was

colore fosse la porta, che non avevamo mai posto piede, neppure
Farbe sei die Tür die nie 1... hatten ...1 gesetzt Fuß nichtmal

come testimoni, in un tribunale. Ci sembrò una infamia, un' onta,
als Zeugen in ein Gericht Uns schien eine Schmach eine Schande

tanto più che sapevamo di non poter assolutamente pagare. San
viel mehr weil wussten zu nicht konnten absolut zahlen

tanto più = desto mehr

Giuliano mio!
[Heiliger] mein

San Giuliano = Heiliger der kath. Kirche

Cercai ogni buco, pregai tutti, ma ahimè, se ora il denaro è
Suchte jedes Schlupfloch bittete alle aber Herrje ! wenn nun das Geld ist

morto allora era moribondo, e non trovai un'anima che mi prestasse
tot dann war am sterben und nicht fand eine Seele die mir lieh

cento franchi. Bisognava dunque rassegnarci a lasciar fare spese e
hundert [Münzen] Musste man also sich damit abfinden zu lassen machen Kosten und

metterci all' asta le masserizie? Fra tanta disperazione una
uns tun zu der Versteigerung den Hausrat Zwischen viel Verzweiflung eine

notte mi ricordai i cento franchi di Graziarosa, e, ve lo confesso,
Nacht mich erinnerte die hundert [Münzen] von Graziarosa und euch es gestehe

ero così desolato e disperato che per un momento ebbi il
war so bekümmert und verzweifelt dass für einen Moment hatte den

sacrilego pensiero di dare l' olio santo. Ripensai a che poteva
gotteslästernden Gedanken zu geben das Öl heilige Dachte erneut für was konnte

servire, e ricordandomi che avevo sentito dire esservi certi signori che
dienen und mich erinnernd dass hatte gehört sagen zu geben solche Herren die

non credendo più in Dio e nei santi, per fare uno sfregio alla
nicht glaubten mehr an Gott und an die Heiligen zu machen eine [hier:] Schmach an die

nostra Santissima Religione, usano battezzare asini, cani e simili
unsere heiligste Religion pflege zu taufen Esel Hunde und ähnliche

49

animali, parodiando in orribile modo il Battesimo e adoprando
Tiere parodierend auf schrechlicke Art und Weise die Taufe und nutzend

il vero olio e acqua santa, mi sentii rizzare i capelli e mi chiesi
das richtige Öl und Wasser heilige mir spürte aufstellen die Haare und mich fragte

come mai, per un solo minuto avevo deliberato di dare mano a
wie nur für eine einzige Minute hatte in Betracht gezogen zu geben Hand an

dare mano = zur Hand gehen, helfen

questa perdizione.
dieses Verderben

Ma il pensiero del nostro malanno incalzava sempre più tenace e
Aber der Gedanke von dem unseren Unglück drängte immer mehr hartnäckig und

il demonio mi assaliva da ogni parte: oramai l' idea dei cento
der Teufel mich bedrängte von jeder Seite bereits die Idee von den hundert

lire di Graziarosa – non ricordavo la promessa del suo amore... –
Lire von Graziarosa nicht erinnerte das Versprechen von der ihren Liebe

e delle nostre povere masserizie poste all' asta in pubblica
und von dem unseren armen Hausrat gestellt zu der Versteigerung auf öffentlichem

piazza, onta e scherno estremo, mi si confondevano così nella
Platz Schande und Spott äußerste mich sich verschwommen so in dem

mente, che mi posi fervorosamente a pregare per scacciare la
Geist dass mich gab eifrig zu beten um zu vertreiben die

tentazione! San Giuliano, San Giuliano mio, aiutatemi voi o sono
Versuchung [Heiliger] meiner helft mir ihr oder bin

perduto. Ma invano, invano!
verloren Aber umsonst umsonst

Quella notte il mio patrono doveva esser sordo o non udiva le mie
Jene Nacht der meine Schutzpatron musste sein taub oder nicht erhörte die meinen

preghiere causa il forte soffiare del vento... Fatto sta che il demonio
Gebete wegen dem starken wehen des Windes Tatsache ist dass der Teufel

mi vinceva e nulla valeva a scacciarlo. All' alba ero ancora
mich gewann und nichts galt zu ihn verscheuchen An dem Morgengrauen war immer noch

sveglio, lottando sempre contro quell' orrendo pensiero: alla fine mi
wach kämpfend immer gegen jenen schrecklichen Gedanken schließlich mich

rivolsi a Santa Barbara, ch'era la santa della mia povera mamma, e
wandte an Heilige Barbara die war die Heilige von der meinen armen Mama und

la pregai tanto di salvarmi, se non per i miei meriti per
sie bat viel zu mich retten wenn nicht für die meinen Verdienste aus

misericordia di quella buona vecchia di mia madre, che mi esaudì.
Barmherzigkeit für jene gute Alte von meiner Mutter die mich erhörte

Ne sono certo, è stata lei, Santa Barbara, a salvarmi, a inspirarmi,
Darüber bin sicher es war sie Heilige Barbara zu mich retten zu mich inspirieren

ad aiutarmi.
zu mir helfen

Zio Salvatore qui ci fece un lungo sermone che vi risparmio per
Onkel Salvatore hier uns machte eine lange Predigt die euch erspare wie

quanto interessantissimo, poi proseguì, noi sempre attenti e
sehr [auch] sehr interessant dann fuhr fort wir immer aufmerksam und

curiosi: – Fatto appena giorno mi recai in casa del Sindaco e
neugierig Gemacht gerade Tag mich begab in Haus von dem Bürgermeister und

chiesto di Graziarosa le dissi: "Comare Graziarò, per
gefragt nach Graziarosa ihr sagte Cousine Graziarò wegen

quell' affare ho bene pensato, sapete...".
jener Angelegenheit habe gut gedacht wisst ihr

pensare bene su qualcosa = gut über etwas nachdenken

"Come? – disse lei spalancando gli occhi e attirandomi in un angolo
Wie sagte sie aufreißend die Augen und mich ziehend in eine Ecke

remoto del cortile. – Acconsentite? Ma parlate piano".
entfernte des Hofs Stimmt ihr zu Aber sprecht leise

"Sì!" risposi, io pure stralunando gli occhi. E siccome volevo
Ja antwortete ich sogar verdrehend die Augen Und weil wollte

guadagnare molto, giacché mi ci ero messo: "Ma sentite, lo faccio
verdienen viel da schon mich daran hatte getan Aber hört es tue

mettersi a qualcosa = anfangen, etwas zu tun

per voi, perché non posso più resistere... Se sapeste come vi amo!
für euch weil nicht kann mehr wiederstehen Wenn wüsstet wie euch liebe

Se voi seguitate a fare così la crudele io me ne muoio, me ne
Wenn ihr fortfahrt zu machen so die Grausame ich mich davon sterbe mich davon

muoio addirittura...".
sterbe geradezu

"Piano, compà... – mormorò la serva guardando con timore le finestre
Langsam Kumpan murmelte die Dienerin schauend mit Furcht die Fenster

ancora chiuse dei padroni. – Se vi odono mi mandano via. A
noch geschlossenen der Herren Wenn euch hören mich schicken weg An

questo poi ci penseremo dopo... Ditemi dunque?...".
dieses dann wir werden denken später Sagt mir also

"Stasera passate in casa, tornando dalla fonte!...".
Heute Abend kommt vorbei in Haus zurückkehrend von der Quelle

Sul tardi Graziarosa infatti passò ed io le consegnai una piccola
Auf dem spät Graziarosa tatsächlich kam vorbei und ich ihr überreichte eine kleine

Sul tardi = gegen Abend

ampollina di olio. Vidi i suoi grandi occhi verdi scintillare
kleine Ampulle mit Öl Sah die ihren großen Augen grünen glänzen

allegramente e per poco non mi baciò. Nascosta ben bene
fröhlich und für wenig nicht mich küsste Versteckt gründlich

per poco = um ein Haar

51

l' ampollina mi consegnò un biglietto da cento lire che io, dopo molte
die kleine Ampulle mir überreichte einen Schein von hundert Lire den ich nach vielen

finte cerimonie accettai. Quella sera cominciammo a parlare
falschen Förmlichkeiten annahm Jenen Abend begannen wir zu sprechen

d' amore, e quella sera dal campanile nero di San Giuliano risuonò
von Liebe und jenen Abend vom Glockenturm schwarzen von [Ortschaft] erklang

la più allegra ave maria che si possa immaginare, tanto allegra che
das am meisten fröhliche Ave Maria das sich kann vorstellen so fröhlich dass

non pareva ave maria.
nicht schein Ave Maria

Dopo qualche anno Graziarosa diventò mia moglie: solo allora volle
Nach einigen Jahren Graziarosa wurde meine Frau nur dann wollte

confidarmi il segreto dell' olio santo. Donna Daniela, la sua
mir anvertrauen das Geheimnis von dem Öl heiligen Dame Daniela die ihre

padroncina, che benché ricca era un tantino brutta e antipatica,
junge Herrin die obwohl reich, war ein bisschen hässlich und unsympathisch

innamorata da morirne di un suo cugino, bel giovine e laureato,
verliebt zu sterben in einen ihren Cousin schöner Jüngling und Akademiker

viste riuscite inutili tutte le altre seduzioni, era ricorsa ad una
gesehen sich erwiesen unnütz all die anderen Verführungen war zurückgegriffen auf eine

famosa maga di un villaggio vicino. "Si procuri un po' d' olio
berühmte [hier:] Hexe aus einem Dorf nahen Sich besorge ein wenig von Öl

santo, – rispose la maga, – e ne unga la fronte del giovine mentre
heiligem antwortete die Hexe und damit reibe ein die Stirn des Jünglings während

dorme, una notte di luna piena, a mezzanotte precisa...". Graziarosa,
schläft eine Nacht mit Vollmond an Mitternacht genau Graziarosa

intima confidente di Donna Daniela, aveva subito pensato a me che,
engste Vertraute von Dame Daniela hatte sofort gedacht an mich der

come sagrestano, potevo procurarle l' olio santo. Avuto questo,
als Kirchendiener konnte besorgen das Öl heilige Bekommen dieses

Donna Daniela, sempre a furia di denaro e di mistero, in una
Dame Daniela immer durch viel Geld und [---] Geheimnis in einer

notte di plenilunio introdotta in casa del cugino e gli unse
Nacht des Vollmonds Eintritt verschafft in Haus des Cousins und ihm rieb ein

la bellissima fronte mentre egli dormiva e la mezzanotte suonava.
die wunderschöne Stirn während er schlief und die Mitternacht läutete

La maga aveva detto che dopo questa operazione il cugino doveva
Die Hexe hatte gesagt dass nach dieser Aktion der Cousin sollte

anch'egli innamorarsi pazzamente di Daniela...
auch er sich verlieben verrückt in Daniela

"E invece?... – chiesi io a Graziarosa. – Il cugino?...".
Und stattdessen fragte ich [---] Graziarosa Der Cousin

52

"Invece, – mi rispose lei con melanconia, – non solo non se   ne
Stattdessen mir antwortete sie mit Melancholie   nicht nur nicht sich [hier:] in sie

innamorò, ma poco di poi partì per Cagliari e sposò un'altra
verliebte aber kurz darauf fuhr weg nach [Stadt] und heiratete ein anderes

ragazza".   "Figuriamoci! – esclamai dando in una gran risata.
Mädchen   Stell dir vor   rief ich aus gebend in ein großes Gelächter

– Sfido io! Quello che ti consegnai era semplice olio che di santità
Herausfordere ich Jenes was dir überreichte war einfaches Öl, das von Heiligkeit
           Sfido io = das will ich wohl meinen

non   conosceva neppure il nome!...".
nichtmal 1... kannte   ...1 den Namen

L' inganno
Die Täuschung

Su, in alto, sullo sfondo azzurrino delle montagne calcaree, sotto
Oben in Höhe auf dem Hintergrund hellbläulichen von den   Bergen kalkhaltigen unter
           Su in alto = hoch oben

il cielo fresco di una dolcezza profonda da cielo di paesaggio
dem Himmel frischen von einer Süße   tiefen von Himmel aus Landschaft

fiammingo che mi ricorda i quadri più   noti di Van–Haanen, la
flandrischen die mich erinnert die Gemälde mehr bekannten von [Maler] das

nostra casa verde dominava il villaggio: col suo tetto aguzzo su
unsere Haus grüne beherrschte das Dorf mit dem seinem Dach spitzen auf

l' elegante cornicione bianco, le finestre gotiche al secondo piano e
dem eleganten großen Rahmen weißen die Fenster gotischen im zweiten Stock und

il balcone che la circondava tutta al primo, esile, alta, la tinta verde
der Balkon der es umgab ganz im ersten zart hoch die Farbe grüne

smaltata dal sole, pareva una casetta cinese di porcellana, così
emailliert von der Sonne schien ein Häuschen chinesisches aus Porzellan so

fresca e allegra che ancora, nonostante il triste caso che vi
frisch und fröhlich dass noch immer trotz des traurigen Zwischenfalls, den euch

racconterò e che mi costrinse ad allontanarmene per sempre, il suo
werde erzählen und der mich zwang zu mich davon entfernen für immer die seine

ricordo mette una nota gaia nelle memorie della mia fanciullezza.
Erinnerung setzt eine Note fröhliche in die Erinnerungen von der meinen Kindheit

Sono passati vent' anni. Allora tutta la nostra famiglia, la nobile
Es sind vergangen zwanzig Jahre Damals ganze die unsere Familie die adelige

famiglia dei Maxu, la   più ricca del villaggio, era composta da me,
Famile der Maxu die am meisten reiche des Dorfes war gebildet von mir

53

elegante studente di giurisprudenza, da mio padre più elegante
eleganter Student der Rechtswissenschaften von meinem Vater mehr elegant

ancora di me benché contasse quarant'anni, aristocratico
noch als [hier:] ich obwohl zählte vierzig Jahre adeliger

cavaliere di montagna che viveva cacciando aquile e cinghiali nei
Ritter der Berge der lebte jagend Adler und Wildschweine in den

Cavaliere = italienischer Adelstitel; etwa zwischen Graf und Baron

nostri immensi boschi di quercie e faggi, e da una cugina orfana
unseren unendlichen Wäldern von Eichen und Buchen und von einer Cousine, Waise

di cui egli era tutore, ed io naturalmente innamorato.
von der er war Vormund und ich natürlich verliebt

Però non l' avevo sempre amata: mi ricordo anzi che fin da bambino
Aber nicht [ich] sie hatte immer geliebt mich erinnere sogar dass seit Kind

Fin da bambino = seit meiner Kindheit

provavo una sorda antipatia per essa, forse perché ogni volta che
empfand eine taube Abneigung für sie vielleicht weil jedes Mal dass

venivamo a lite, lei grande e forte – eravamo quasi della stessa età –
wir kamen zu Streit, sie groß und stark wir waren fast von dem selben Alter

mi picchiava cordialmente come l' ultima delle monelle,
mich schlug herzlich wie das letzte von den frechen Mädchen

minacciandomi sempre di vendicarsi meglio fra qualche anno.
mir androhend immer zu sich rächen besser [hier:] in einigen Jahren

Venuta poi in casa nostra, dopo morta sua madre, io avevo trascorso
Gekommen dann in Haus unseres nach gestorben ihre Mutter ich hatte verbracht

persino notti insonni roso dal crepacuore di vedermi sempre
sogar Nächte schlaflose zerfressen von dem gebrochenen Herzen zu mich sehen immer

accanto quella piccola furia così viziata e maleducata: di vederla
neben jene kleine Furie so verzogen und ungezogen zu sie sehen

signora e padrona della mia casa, accarezzata da mio padre di
Frau und Herrin von dem meinen Haus gestreichelt von meinem Vater von

cui io, io solo, dovevo essere l' idolo...
dem ich ich allein sollte sein die Hauptperson

Dal canto suo poi Gabriella o Gella, come la chiamavano, mi
Ihrerseits dann Gabriella oder Gella wie sie sie nannten mir

professava pochissimo amore. Accortasi però della mia cattiva
bekundete sehr wenig Liebe Sich bemerkt jedoch von dem meinen schlechten

accoglienza cambiò completamente di carattere e, cessato il suo
Empfang änderte komplett den Charakter und eingestellt den ihren

dolore per la madre, non riprese la vita antica, ma si chiuse
Schmerz für die Mutter nicht wieder aufnahm das Leben alte [hier:]sondern sich schloss

a mio riguardo, in una fredda riservatezza che finì col farmela
in meinen Bezug in eine kalte Zurückhaltung die endete mit dem mich sie lassen

addirittura odiare. Non mi parlava quasi mai; mi passava davanti
sogar hassen Nie 1... mir sprach fast ...1 mir ging vorbei vor

senza guardarmi, e andando su e giù per la casa, imponendosi
ohne mich anzusehen und gehend auf und ab [hier:] in dem Haus sich aufzwingend

su tutto e su tutti con una dolcezza silenziosa e nuovissima in lei,
auf alles und auf alle mit einer Sanftheit stillen und ganz neu in ihr

pareva non accorgersi neppure di me.
schien nichtmal 1... sich zu bemerken ...1 von mir

Fremevo di rabbia: avrei dato dieci anni di vita perché Gella mi
[ich] bebte vor Zorn hätte gegeben zehn Jahre von Leben damit Gella mir

avesse procurato il minimo motivo di accusarla a mio padre, e
hätte besorgt das geringste Motiv zu sie beschuldigen bei meinem Vater und

cercavo tutti i mezzi per accendere almeno una delle nostre antiche
suchte all die Mittel um zu entfachen zumindest eine von den unseren alten

liti, ma sempre invano. Lei non badava a me, e tutt'al più
Streitereien aber immer umsonst Sie nicht achtete auf mich und höchstens

rispondeva con un sorriso di disprezzo alle mie insolenti
antwortete mit einem Lächeln der Verachtung auf die meinen frechen

provocazioni, alle mie acri allusioni sulla sua condizione
Provokationen auf die meinen [hier:] bissigen Andeutungen auf den ihren Zustand

d' intrusa nella mia casa... Si è che io ero ancora un bimbo con i
des Eindringlings in das meine Haus So ist dass ich war noch ein Kind mit den

si = Abkürzung von così

miei sedici anni e lei una fanciulla precoce che forse sognava già
meinen sechzehn Jahren und sie ein Mädchen frühreifes das vielleicht träumte schon

Dio sa che cosa con i suoi quattordici. L'avremmo forse finita male,
Gott weiß was Sache mit den ihren vierzehn Es wir hätten vielleicht beendet schlecht

Chi sa che cosa = wer weiß was für Sachen

se, sopravvenuto il novembre, io non fossi partito per i miei studi.
wenn gekommen der November ich nicht sei abgereist für das meine Studium

Nove mesi di lontananza temprarono la mia antipatia, tantoché
Neun Monate von Ferne [hier:] milderten die meine Antipathie so dass

ritornai con tutte le possibili buone intenzioni di pacificazione; ma
kehrte zurück mit all den möglichen guten Absichten der Versöhnung aber

Gella non aveva cambiato di opinione, e, non solo mi accolse
Gella nicht hatte geändert von Meinung und nicht nur mich empfing

freddamente, ma abituata col tempo alla nuova casa, mi sembrò
mit Kälte sondern gewöhnt mit der Zeit an das neue Haus mir erschien

mi considerasse come ospite più che padrone!...
mich betrachtete wie Gast mehr als Herren

E così uno, due, molti anni. Stancatomi di accarezzarla, e di
Und so ein zwei viele Jahre [hier:] Es leid gewesen zu sie streicheln und zu

perseguitarla finii anch'io con l' imitarla. Nessuna confidenza,
sie verfolgen endete auch ich mit dem sie nachmachen Keine Vertrautheit

nessun affetto, nessuna di quelle fini attenzioni o di quei dispetti
keine Zuneigung keine von jenen feinen Aufmerksamkeiten oder von jenen Streichen

effimeri abituali di persone che vivono sotto lo stesso tetto correvano
kurzlebigen gewohnt von Menschen die leben unter dem selben Dach liefen

fra me e Gella; e mentre nel villaggio si diceva che appena
zwischen mir und Gella und während im Dorf man sagte dass sobald

laureato avrei sposato mia cugina, neppure un barlume vago
Akademiker hätte geheiratet meine Cousine nichtmal einen Schimmer schwachen

d' amore, neppure il minimo pensiero ci univa, noi che ci vedevamo
von Liebe nichtmal der kleinste Gedanke uns einte wir die uns sahen

ogni secondo, noi ch'eravamo diventati due bellissimi giovani; io
jede Sekunde wir die waren geworden zwei wunderschöne junge Leute ich

bruno, elegante, rumoroso così che al mio arrivo mettevo tutto
braunhaarig elegant laut so dass an meiner Ankunft [hier:] ich versetzte ganze

il villaggio in fermento; lei sottile, eterea, bionda, con gli occhi
das Dorf in Unruhe sie dünn ätherisch blond mit den Augen

impenetrabili, dell' azzurro pallido ma ardente delle montagne
undurchdringbaren von dem hellblau blassen aber brennenden von den Bergen

calcaree che dominavano la nostra casa, la carnagione rossa
kalkhaltigen die [hier:] überschatteten das unsere Haus die Hautfarbe rot

vellutata, sulle guancie formanti due affascinanti fossette ogni volta
samtig auf den Wangen bildend zwei faszinierende Grübchen jedes Mal

che lei si degnava sorridere, sul collo, sulle orecchie piccine piccine
dass sie sich herabließ [zu] lächeln auf dem Hals auf den Ohren winzig kleinen

e persino sulle mani. Vestiva sempre di bianco, in casa e per fuori:
und sogar auf den Händen Trug immer [---] Weiß in [dem] Haus und für draußen

non un nastro, un gioiello, un solo filo di colore, mai e poi mai.
nicht ein Band ein Schmuckstück ein einziger Faden aus Farbe nie und dann nie

mai e poi mai = nie und nimmer

Ed io, che odiavo il bianco, la chiamavo ironicamente Cassandra
Und ich der hasste das Weiß sie nannte aus Ironie [ital. Humanistin] 1...

Cassandra Fedele = Frau, bekannt für ihre Schönheit

Fedele, ma lei, al solito, non badava ai miei scherzi.
...1 aber sie wie immer nicht achtete auf meine Scherze

Una notte, assai tardi, nel chiudere la finestra della mia camera, vidi
Eine Nacht sehr spät im Schließen das Fenster von dem meinen Zimmer sah [ich]

Gella sul balcone del primo piano. Ritta, immobile, con le mani
Gella auf dem Balkon des ersten Stocks Gerade unbeweglich mit den Händen

56

intrecciate sulla balaustrata, vestiva, come sempre di bianco, un abito
verschlungen auf der Brüstung trug wie immer [---] Weiß ein Kleid

lungo, morbido, che la rendeva più alta e sottile: le maniche,
langes weiches das sie machte mehr hoch und dünn die Ärmel

larghissime dal gomito in giù, le cadevano lungo i fianchi
sehr weit von dem Ellbogen nach unten ihr fielen entlang der Hüften

eleganti, lasciando nuda parte delle sue braccia esili, ma ben fatte,
eleganten lassend nackt Teil von den ihren Armen feinen aber gut geformten

e i capelli crespi, indomabili, le cadevano sulle spalle, metà a
und die Haare krausen unzähmbaren ihr fielen auf die Schultern Hälfte zum

treccia ed il resto disciolti. Il raggio della luna calente, battendole
Zopf und der Rest lose Der Strahl von dem Mond abnehmenden ihr schlagend

sul viso, la rendeva così bianca, diafana e fantastica che io, benché
auf das Gesicht sie machte so weiß durchsichtig und fantastisch dass ich, obwohl

tanto mal disposto verso di lei, non potei non solo far a meno di
viel schlecht eingestellt gegen [---] sie nicht konnte nicht nur machen zu weniger als
fare a meno di = nicht anders können als

confessarmi ch' era bella, ma rimasi estatico sul davanzale a
mir einzugestehen dass war schön sondern blieb verrückt auf dem Fensterbrett zu

contemplarla, come un'apparizione sovrannaturale...
bewundern sie wie eine Erscheinung übernatürliche

Ma che faceva lì a quell' ora? Non mi ricordavo d' averla veduta
Aber was tat dort zu jener Stunde Nicht mich erinnerte zu sie haben gesehen

mai così tardi al verone, e sapendola pochissimo entusiasta per gli
[hier:] je so spät am Balkon und sie wissend sehr wenig begeistert für den

incanti della notte, pensai che aspettasse qualcuno, rammentandomi
Zauber von der Nacht dachte dass sie erwartete jemanden mich erinnernd

che Gella era in un' età in cui una fanciulla bella è
dass Gella war in einem Alter in dem ein Mädchen schönes ist

impossibile non abbia un innamorato. Sì! Gella aspettava!
unmöglich nicht hat einen Verliebten Ja Gella wartete

Istintivamente sentii rinascere entro di me tutti i vecchi rancori
Instinktiv spürte wieder aufkeimen in von mir all den alten Groll

contro mia cugina, o almeno qualcosa che qualificai per ciò.
gegen meine Cousine oder zumindest etwas das [hier:] hielt für das

Ero poco profondo psicologo per accorgermi che invece ero geloso,
War wenig tief Psychologe um zu merken dass stattdessen[ich] war eifersüchtig

forse anche prima di essere innamorato, e senza ben percepire
vielleicht auch bevor zu sein verliebt und ohne [hier:] genau wahrzunehmen

la causa della mia subitanea indignazione, sembrandomi che Gella
den Grund von der meinen sofortigen Entrüstung mir erscheinend dass Gella

disonorasse la nostra casa con la sua leggerezza di ragazza che parla
entehre   das unsere Haus mit der ihren Leichtigkeit von Mädchen das spricht

di notte con un uomo, sentii il cervello offuscarmisi dolorosamente,
in Nacht mit einem Mann spürte das Gehirn mir sich trüben   schmerzhaft

mentre, nello stesso tempo, provavo una strana gioia pensando che
während in der selben Zeit   spürte eine seltsame Freude denkend dass
allo stesso tempo = gleichzeitig

potevo finalmente umiliarla. Umiliarla, oh, umiliarla!...   Vedere
konnte endlich   sie demütigen Sie demütigen oh sie demütigen   Sehen

finalmente chinare quegli occhi alteri e misteriosi, quella fronte
endlich   senken jene Augen hochmütigen und geheimnisvollen jenes [hier:] Gesicht

fredda e ironica innanzi a me! Che vittoria!...
kalte und ironische vor [---] mir Was Sieg

E   ritornato bambino senza per nulla ponderare la mia azione
Und wieder geworden Kind   ohne überhaupt nicht überdenken die meine Tat

odiosa e leggera, lasciai la finestra, scesi e comparvi vicino a
hassenswerte und leichte verließ das Fenster ging hinunter und erschein neben [---]

Gella, come un marito che ´ coglie la moglie in flagrante,
Gella wie ein Ehemann der ertappt die Ehefrau auf frischer Tat

dicendole a voce bassissima, ma imperiosa: – Che fai lì a
ihr sagend in Stimme sehr leiser aber herrischer Was machst da zu

quest' ora?... Strappata bruscamente alle sue profonde fantasticherie,
dieser Stunde Herausgerissen abrupt von den ihren tiefen Fantastereien

vidi Gella impallidire orribilmente e guardarmi spaventata,
sah ich Gella blass werden fürchterlich und mich anschauen erschrocken

tremando da capo a piedi: tutte dimostrazioni aggravanti che
zitternd von Kopf bis Fuß alles Beweise   erschwerende die

accrebbero i miei sospetti. Ma in un lampo si rimise, ritornò
steigerten den meinen Verdacht Aber in einem Blitz sich [hier:] fing kehrte wieder
in un lampo = im Nu

rossa ed i suoi occhi scintillarono cupamente.– Ciò che mi pare e
rot und die ihren Augen glänzten düster Das was mir scheint und
ciò che mi pare e piace = was mir beliebt

piace! – rispose con voce aspra, dandomi le spalle e appoggiandosi
gefällt antwortete mit Stimme scharfer mir gebend die Schultern und sich lehnend

alla balaustrata.
an die Brüstung

Era la prima volta che, dopo che era in casa nostra, la vedevo
War das erste Mal dass nach dem sie war in Haus unsere [ich] sie sah

commuoversi in tal maniera. Per un effetto misterioso, la sua voce mi
sich rühren in jene Weise Für eine Ursache geheinmisvolle die ihre Stimme mich

fece ritornare in me e arrossire della mia poca galanteria. Ma troppo
ließ zurückkehren in mich und erröten von der meinen wenigen Höflichkeit Aber zu

altero per chiederle scusa, – ricordandomi intensamente il suo
stolz um zu sie bitten Entschuldigung mich erinnernd [hier:] genau das ihre

bizzarro procedere verso di me, – mi accontentai di mentire vilmente,
wunderliche Vorgehen gegen [---] mich mich damit zufrieden gab zu lügen feige

come una donnicciuola, per giustificarmi: – Bada, Gella, m' hanno
wie eine kleine Frau um zu mich rechtfertigen Gib Acht Gella mir haben

donniccuola = kleine Frau (mit negativem Aspekt)

detto, che amoreggi con Anni, il medico condotto, e che vi parlate
gesagt dass flirtest mit Anni dem Bezirksarzt und dass euch sprecht

ogni notte... Se avesse buone intenzioni ti avrebbe già domandata a
jede Nacht Wenn hätte gute Absichten dich hätte schon gefragt an

papà, e invece... Gella, non offenderti, te lo dico per il tuo bene...
Papa und stattdessen Gella nicht dich beleidigen dir es sage für das deine Wohl

offendersi = beleidigt sein

Vedendoti così tardi al balcone ho pensato che lo aspettassi e sono
Dich sehend so spät am Balkon habe gedacht dass ihn erwartest und bin

sceso... Ma credo che ciò sia bugia... Gella... io non ci credo...
runter gekommen Aber glaube dass das sei Lüge Gella ich nicht daran glaube

ma se fosse...
aber wenn wäre

Non potei proseguire: quella bugia, quell'infame bugia, mi serrava la
Nicht konnte fortsetzen jene Lüge jene grässliche Lüge mir zuschnürte die

gola, m'inaridiva le labbra. Gella rimase immobile e non rispose.
Kehle mir austrocknete die Lippen Gella blieb unbeweglich und nicht antwortete

Volevo continuare la mia poco lodevole commedia; volevo chiederle
Wollte forsetzen die meine wenig lobenswerte Komödie wollte sie bitten

perdono e non potevo nulla: alla fine me ne andai senza quasi
Verzeihung und nlchts 1... konnte ...1 am Ende mich [---] ging ohne fast

avvedermene, e ritornai alla mia finestra chiedendomi se non
es zu bemerken und kehrte zurück an das meine Fenster mich fragend ob nicht

sognavo. Vidi Gella sempre là, china sul parapetto, col volto fra
träumte Sah Gella immer dort gebeugt auf die Brüstung mit dem Gesicht zwischen

le mani... Piangeva! Un pianto silenzioso e disperato interrotto di
den Händen Sie weinte Ein Weinen stilles und verzweifeltes unterbrochen von

tratto in tratto da singhiozzi spasmodici che mi agitavano la
Zeit zu Zeit von Schluchtzern krampfhaften die mir schüttelten die

persona come scosse elettriche... Non saprei mai descrivere ciò che
Person wie Stromstöße Nicht könnte [hier:] jemals beschreiben das was

provavo nel vedere Gella piangere per mia colpa: maledicevo il mio
spürte im Sehen Gella weinen durch meine Schuld verfluchte den meinen

per colpa mia = meinetwegen

sospetto, e morsicandomi le labbra a sangue restavo là, inchiodato
Verdacht und mir beißend die Lippen zu Blut blieb da angewurzelt

sul davanzale, col cuore che mi scoppiava in petto.
am Fensterbrett mit dem Herzen das mir platzte in Brust

La luna cadeva sempre, nell' estremo orizzonte aperto, tinto di un
Der Mond fiel immer an dem [hier:] fernen Horizont offenen gefärbt von einem

lieve splendore roseo, sfumante su, su, in toni di un viola azzurrastro,
leichten Schimmer rosanen abtönend oben oben in Töne von einem Lila hellbläulichen

argenteo, cinereo, e spirava la brezza dell' alta notte che portava
silbernen aschenen und wehte der Wind von der hohen Nacht die brachte

fino a me il profumo dei mirti e dell' agavi biancheggianti nella
bis zu mir den Geruch von der Myrte und von den Agaven weiß seienden in der

pianura immensa che si stendeva sotto il villaggio silenzioso, e i
Ebene unendlichen die sich erstreckte unter dem Dorf stillen und die

profumi acri delle montagne di calce irrorate dall' umidità della
Gerüche scharfen von den Bergen aus Kalk benetzt von der Feuchtigkeit von der

notte autunnale. Un usignuolo cantava fra i roseti gialli del
Nacht herbstlichen Eine Nachtigall sang zwischen den Rosenbüschen gelben von

nostro giardino: la sua musica fine e triste destava in me,
unserem Garten die ihre Musik fein und traurig regte in mir

magnetizzato dall' aspetto pallido del paesaggio, inebriato dagli
magnetisiert von dem Anblick blassen der Landschaft berauscht von den

umidi profumi del vento, e i nervi posti in sussulto dal pianto di
feuchten Gerüchen des Windes und die Nerven aufgebracht von dem Weinen von

Gella, la sensazione mista d'angoscia e voluttà provata una volta,
Gella das Gefühl gemischt aus Furcht und Genuss gespürt ein Mal

nella città dove studiavo, nel sentire una suonata pensosa e
in der Stadt wo studierte im Hören eine [hier:] Melodie nachdenkliche und

melanconica di Mozart, eseguita al piano da una signorina
melancholische von [Komponist] ausgeführt am Klavier von einer jungen Dame

tisica e moribonda...
schwindsüchtigen und sterbenden

Schwindsucht = Tuberkulose, Infektionskrankheit, die die Lungen befällt

Rimasi così a lungo: e dopo molto tempo mi ritrovai vicino a mia
Blieb so [---] lange und nach viel Zeit mich wiederfand neben meiner

cugina, con le mani contratte sul ferro gelido del parapetto... La
Cousine mit den Händen verkrampft auf dem Eisen eiskalten der Brüstung Der

luna tramontata, sul paesaggio regnava ora un vago barlume bianco,
Mond untergegangen auf der Landschaft herrschte nun ein schwacher Schein weißer

sidereo, e il vento soffiava così freddo che mi costringeva a battere i
eisiger und der Wind bließ so kalt dass mich zwang zu schlagen die

denti. Gella non piangeva più e non tremava come me. Nonostante
Zähne Gella nicht weinte mehr und nicht zitterte wie ich Trotz

l' oscurità   la vedevo sempre, bianca in tutta la persona, persino nei
der Dunkelheit [ich] sie sah   immer   weiß in ganzen der Person sogar in den

capelli biondi e negli occhi pallidi, fuorché sul   viso e sulle mani
Haaren blonden und in den Augen blassen   außer auf dem Gesicht und auf den Händen

rosee, e pensavo che quel volto, quelle labbra di corallo e quelle
rosigen und dachte dass jenes Gesicht jene Lippen aus Korallen und jene

mani dovevano scottare...
Hände mussten   brennen

– Gella, – cominciai, – non posso andare a dormire senza averti
  Gella   begann ich   nicht kann gehen zu schlafen ohne dich haben

chiesto perdono... –. E lei, rizzatasi, restò muta. – Gella, – proseguii,
gebeten Vergebung Und sie sich aufgerichtet blieb stumm Gella   fuhr ich fort

– perdonami se ho osato dubitare così di te. Oh, le cattive lingue, i
  Verzeihe mir wenn habe gewagt zweifeln so an dir Oh die bösen Zungen die

vili!... Ma tu sei così buona che mi perdonerai non è vero? Rispondi...
feigen Aber du bist so   gut   dass mir wirst verzeihen nicht ist wahr Antworte
                                    Non è vero? = Stimmt's?

Gella... su, Gella... rispondi!...
Gella   auf Gella   antworte

– Domani vado via da questa casa! – rispose essa alla fine con la voce
  Morgen gehe fort von diesem Haus antwortete sie an dem Ende mit der Stimme

ancora piangente. Ho compiuto il ventunesimo   anno!...
noch   weinender Habe vollendet das einundzwanzigste [hier:] Lebensjahr

– Che cosa hai tu detto, Gella? Ma sei pazza?... – diss'io spaventato, e
  Was   hast du gesagt Gella Aber bist verrückt sagte ich erschrocken und

siccome lei non proseguiva, me le avvicinai per guardarla bene in
  da   sie nicht fortfuhr mich ihr näherte um sie anzusehen gut in

volto. Essa non si mosse, ed io sentii il profumo delle sue vesti
Gesicht Sie nicht sich bewegte und ich nahm wahr den Geruch von der ihren Kleidung

salirmi al cervello. Smarrivo le idee.   In un' ora m' ero tanto
mir steigend ins Gehirn Verwirrte die [hier:] Gedanken In einer Stunde mich war viel

innamorato di mia cugina da perderne la ragione: parrà
verliebt in meine Cousine zu verlieren den Verstand mag scheinen

impossibile, eppure è così.
unmöglich und doch ist so

L'ambiente, l' ora, il pentimento d' averla offesa e calunniata, il suo
Das Ambiente, die Stunde die Reue zu sie haben beleidigt und verleumdet das ihre

pianto, persino il canto magico dell' usignuolo, la veste fantastica e
Weinen sogar der Gesang zauberhafte von der Nachtigall die Kleidung fantastische und

bianca da dama del   Cinquecento   che mi ricordava vagamente
weiße einer Dame aus dem [hier:] sechsten Jahrhundert das mich erinnerte entfernt

Gabriella d'Estrées, la famosa amica di Enrico IV, i capelli semi–
Gabrielle d' Estrèes di berühmte Freundin von [König] die Haare halb

61

sciolti, i profumi che ne circondavano, tutto contribuiva a
geöffnet die Gerüche die es umgaben alles trug bei zu

infiammarmi il sangue, costringendomi a operare e parlare quasi
mir entflammen das Blut mich zwingend zu handeln und sprechen fast

che nelle mie vene corresse un filtro d'amore, potente, repentino e
dass in den meinem Venen liefe ein Elexier der Liebe mächtig plötzlich und

indomabile. E dissi subito tutto questo a Gella, con frasi di fuoco,
unbezwingbar Und sagte sofort all dies zu Gella mit Sätzen aus Feuer

rotte, balzanti, ardite, che ora non ricordo più, che vorrebbero dieci
gebrochenen holprigen kühnen die nun nicht erinnere mehr die [hier:] bräuchten zehn

pagine per essere trascritte.
Seiten um zu sein übertragen

Quando tacqui, stanco e ansioso, Gella mi confessò che anch'essa
Als ich schwieg müde und ungeduldig Gella mir gestand dass auch sie

mi amava!... Allora, entusiasmato, pazzo, fuori di me, la strinsi quasi
mich liebte Also begiestert verrückt außer [---] mir sie drückte fast

brutalmente fra le mie braccia e, lei riluttante, la baciai sulla
brutal zwischen den meinen Armen und, sie widerwillig, [ich] sie küsste auf den

bella bocca di corallo, che trovai fredda come la neve, che restò
schönen Mund aus Korallen den fand kalt wie den Schnee der blieb

fredda nonostante i miei lunghi baci di fuoco!...
kalt trotz der meinen langen Küssen aus Feuer

Quel mese di ottobre fu il mese più strano della mia vita. Di giorno
Jener Monat von Oktober war der Monat am meisten seltsame von dem meinem Leben Am Tag

io e Gella proseguivamo le parti antiche, freddi e indifferenti, ma di
ich und Gella setzten fort die Rollen alten kalt und gleichgültig aber in der

notte i convegni più ardenti e romanzeschi, ci riunivano o sul
Nacht die Treffen am meisten brennenden und abenteuerlichen uns vereinten oder auf dem

Balcone o nel roseto del giardino, nell'oscurità azzurrognola delle
Balkon oder im Rosengarten des Gartens in der Dunkelheit hellbläulichen von den

notti di Luna. Solo nelle notti piovose ci riunivamo nel piccolo
Mondnächten Nur in den Nächten regnerischen uns trafen in dem kleinen

salotto nero, caldo, a cui la luce tenue della lampada dava un vago
Salon schwarzen warmen dem das Licht schwache von der Lampe gab eine vage

ambiente di santuario. Nel divano antico di satin a fiorami lividi,
Atmosphäre von Heiligtum Im Sofa antikem aus Satin mit Blumen bläulichen

Gella col suo costume bianco pareva una santa medioevale, una
Gella mit dem ihrem [hier:] Kleid weißen schien eine Heilige mittelalterliche eine

madonna latina dal volto a riflessi d' oro, ed io, spesso prostrato
Madonna lateinische mit dem Gesicht mit Schimmer aus Gold und ich häufig ausgestreckt

62

sul tappeto, adorandola, rappresentavo benissimo la parte di devoto.
auf dem Teppich sie anbetend stellte dar sehr gut die Rolle des Ergebenen

Diventavo sempre più innamorato: di giorno in giorno il mio amore
Wurde immer mehr verliebt von Tag zu Tag die meine Liebe

prendeva proporzioni immense: un amore che mi avrebbe ucciso se
nahm an Ausmaße unermessliche eine Liebe die mich hätte umgebracht wenn

non corrisposto. Di giorno spasimavo perché costretto a nasconderlo.
nicht erwidert Am Tag schmachtete ich weil gezwungen zu sie verbergen

Gella mi aveva detto: – Non voglio che nessuno, neppure tuo padre,
Gella mir hatte gesagt Nicht will das niemand nichtmal dein Vater

sappia che ci amiamo, finché tu non sia in grado di sposarmi, cioè
weiß dass uns lieben bis du nicht seist in Lage zu mich heiraten also

laureato. Se tu dici una sola parola, se dai un solo sospetto, tutto
Akademiker Wenn du sagst ein einziges Wort wenn gibst einen einzigen Verdacht alles

è finito fra me e te! Di notte soffrivo: pur stringendomela al
ist vorbei zwischen mir und dir In der Nacht leidete ich trotz sie mir drückend an die

seno, pur baciandola e sentendomi dire da lei: – Sarò tua, tua per
Brust trotz sie küssend und mir hörend sagen von ihr Werde sein deine deine für

sempre, e amerò sempre te, te solamente! – soffrivo qualcosa
immer und werde lieben immer dich dich allein leidete ich etwas

d' immane; un'angoscia incomprensibile che confusa alla intensa
[---] Ungeheures eine Furcht unbeschreibliche die vermischt mit dem intensiven

voluttà di trovarmi con Gella e di sentirmi amato da lei, produceva
Genuss zu mich befinden mit Gella und zu mich fühlend geliebt von ihr hervorrief

una specie di pazzia nel mio cervello sconvolto. Tutto turbinava
eine Art von Wahnsinn in meinem Gehirn verwirrten Alles drehte

attorno a me e confondevo il passato col presente, i sogni con la
herum um mich und verwechselte die Vergangenheit mit der Gegenwart die Träume mit der

realtà.
Wirklichkeit

Se in quel tempo avessi scritto il mio giornale, avrei formato il
Wenn in jener Zeit hätte geschrieben das meine Tagebuch hätte hergestellt den

più interessante dei romanzi psicologici, perché sono convinto che
am meisten interessanten der Romane psychologischen weil bin überzeugt dass

nessun uomo sia stato più stranamente e completamente innamorato
kein Mann sei gewesen mehr seltsam und absolut verliebt

di me. Quando giunse il novembre e mi decisi a partire mi sembrò
als ich Als kam der November und mich entschloss zu abreisen mir schien

che mi destassi da un lungo sogno: l' ultima notte che passai con
dass mich aufwachte aus einem langen Traum Die letzte Nacht die verbrachte mit

Gella sulle mie ginocchia, ricordo d'aver pianto come un bambino, e
Gella auf den meinen Knien erinnere zu haben geweint wie ein Kind und

non scorderò mai il brivido provato nel sentirmi dire da lei: – E
nicht werde vergessen nie den Schauer gespürt im mich hören sagen von ihr Und

se al ritorno mi troverai... morta?...Mi guardò tremare con un
wenn bei Rückkehr mich wirst vorfinden tot Mich ansah zittern mit einem

freddo sguardo e la sentii mormorare cupamente: – Altre volte non ti
kalten Blick und sie hörte murmeln finster Andere Male nicht dich

dividevi così da me! –. Ma non posi mente al suo sguardo e alle sue
trenntest so von mir Aber nicht legte Geist auf ihren Blick und auf die ihren
posare mente a qualcosa = Gedanken an etwas verschwenden

parole: vi ripensai solo più tardi....
Worte daran dachte nur mehr später

Partii. Nei primi mesi parevo inebetito: non studiavo, non mangiavo
Reiste ab In den ersten Monaten schien berauscht nicht lernte nicht aß

né dormivo, e scrivevo a Gella lunghe lettere che... non le mandavo
und nicht schlief und schrieb an Gella lange Briefe die nicht ihr schickte

perché così voleva lei, per non dare dei sospetti: ma a poco a poco mi
weil so wollte sie um nicht geben einigen Verdacht aber allmählich mich

abituai alla lontananza e col tempo il mio amore entrò in un'altra
gewöhnte an die Ferne und mit der Zeit die meine Liebe trat ein in eine andere

fase: amavo sempre, più che mai, ma non soffrivo più: speravo. Mi
Phase liebte immer mehr als [hier:] je aber nicht leidete mehr hoffte Mich

diedi a studiare con ardore e passai splendidamente gli esami. Un
gab zu lernen mit Eifer und [hier:] bestand prächtigerweise die Prüfungen Ein

anno ancora e Gella sarebbe mia! Che sogni, che progetti, che ardenti
Jahr noch und Gella wäre meine Was Träume, was Pläne was brennende

speranze, che gioia al pensiero del ritorno! L' ultima lettera del
Hoffnung was Freude bei dem Gedanken der Wiederkehr Der letzte Brief vom

babbo mi mise però di cattivo umore e rattristò orribilmente il mio
Papi mich setzte jedoch in schlechte Laune und machte traurig furchtbar die meine

viaggio: mi pregava di affrettare il ritorno e mi prometteva la più
Reise mich bat zu beeilen die Rückkehr und mir versprach die am meisten

viva delle sorprese al mio arrivo...
[hier:] fröhliche von den Überraschungen an meiner Ankunft

I più brutti presentimenti mi si affacciarono al pensiero, tutti
Die mehr grässlichen Vorahnungen mir sich zeigten in dem Gedanken alle

concludenti che Gella si fosse fidanzata ad altri... forse anche sposata,
endend das Gella sich sei verlobt an anderen vielleicht auch verheiratet

circondandosi di mistero per atterrarmi più sicuramente! Provavo
sich umgebend mit Geheimnis um mich niederzuschlagen mehr ganz gewiss Spürte

le vertigini a quell'idea, e meditavo persino la vendetta da eseguire
den Schwindel bei jener Idee und [hier:] ersann sogar die Rache zu ausführen

se Gella mi avesse davvero così tradito... Ma con chi e per chi?...
wenn Gella mich hätte wirklich so betrogen Aber mit wem und für wen

Nessuno dei pochi signori del villaggio era giovine, ricco, bello e
Keiner der wenigen Herren des Dorfes war jung reich schön und

aristocratico come me, nessuno poteva amarla come l'amavo io,
Aristokrat wie ich keiner konnte sie lieben wie sie liebte ich

nessuno poteva offrirle uno stato da signora come quello che godeva
keiner konnte ihr bieten einen Status als Dame wie jenen den sie genoss

in casa mia! Perché dunque tradirmi, dopo tanti giuramenti e lacrime,
in Haus meinem Wieso also mich betrügen nach vielen Schwüren und Tränen

dopo i nostri baci e le nostre promesse? Ma invano cercavo di
nach den unseren Küssen und den unseren Versprechen Aber vergeblich suchte ich zu

rassicurarmi.
mich trösten

Mentre la vettura mi trasportava al villaggio, attraverso le campagne
Während der Wagen mich transportierte zu dem Dorf durch das Land

deserte, per le chine coperte di robinie lussureggianti e di timavi
ausgestorbene über die Abhänge bedeckt mit [Bäume] üppigen und mit [Sträucher]

che impregnavano l'aria fresca dell' alba con olezzi d'incenso,
die erfüllten die Luft frische von dem Sonnenaufgang mit Gerüchen von Weihrauch

sotto i boschi di roveri intricati ad eriche selvaggie, mi tornava acuta
unter den Wäldern aus Eichen verknoteten und Efeu wildem mir kam zurück scharf

al pensiero la memoria della lunga antipatia corsa fra me e Gella,
in die Gedanken die Erinnerung von der langen Antipathie gelaufen zwischen mir und Gella

i dispetti che le avevo continuamente fatto, le sue minacce di
die Streiche die ihr hatte immerzu gemacht die ihren Drohungen von

bambina cattiva di vendicarsi più tardi, il suo disprezzo, la sua gelida
Kind bösem zu sich rächen mehr spät die ihre Verachtung die ihre eisige

inimicizia. Mi ricordai le sue labbra fredde sotto i miei baci di
Feindschaft Mich erinnerte die ihren Lippen kalten unter den meinen Küssen aus

fuoco, i suoi occhi impenetrabili sotto il mio sguardo delirante... e
Feuer die ihren Augen undurchdringlichen unter dem meinem Blick irrsinnigen und

quel patto orribile di tacere il nostro amore...
jener Pakt schreckliche zu verschweigen die unsere Liebe

Ero perduto, perduto, perduto! Gella non mi aveva amato un solo
War verloren verloren verloren Gella nicht mich hatte geliebt einen einzigen

istante, ma finto di amarmi per rendermi pazzo, per vendicarsi
Augenblick aber vorgetäuscht zu mich lieben um zu mich machen verrückt um zu sich rächen

col tradirmi ad un dato momento! Sicuro di ciò, mi torcevo le
mit dem mich betrügen an einen gegebenen Zeitpunt Sicher von dem mir wrang die

mani e smaniavo come un ossesso, ma quando potei scorgere, dietro
Hände und mich aufregte wie ein Besessener aber als konnte erahnen hinter

le alture brune dell' orizzonte, il profilo dei miei monti, tutti color
den Anhöhen braunen von dem Horizon das Profil von den meinen Bergen alle Farbe

di rosa alle prime carezze del sole e sul fondo d' oro del cielo,
von rosa bei den ersten Liebkosungen der Sonne und auf dem Hintergrund aus Gold von dem Himmel

risi delle mie paure, mi chiamai pazzo e proseguii il viaggio
lachte ich [hier:] über die meine Angst mich nannte verrückt und fuhr fort die Reise

sorridendo, tutto inebriato dagli splendori della magnifica mattina,
lächelnd ganz berauscht von dem Glanz von dem wundervollen Morgen

certissimo che Gella mi aspettava ansiosamente, senza più pensare
ganz sicher dass Gella mich erwartete sehnsüchtig ohne mehr denken

alla sorpresa promessa....
an die Überraschung versprochene

Trovai mio padre e Gella che mi aspettavano al pian terreno, nella
Fand meinen Vater und Gella die mich erwarteten im Erdgeschoss in dem

stanza da pranzo, e fui subito colpito da tre cose: l' arredamento
Esszimmer und wurde sofort getroffen von drei Dingen die Einrichtung

vecchio della stanza era scomparso e sostituito da un nuovo, ricco e
alte von dem Zimmer war verschwunden und ersetzt von einer neuen reichen und

splendido: papà pareva ringiovanito, elegante, vestito di nero, gli occhi
prachtvollen Papa schien verjüngt elegant gekleidet in schwarz die Augen

scintillanti di gioia: (la barba bionda, corta, divisa sul mento gli dava
leuchtend vor Freude der Bart blonde kurze geteilt auf dem Kinn ihm gab

un' aria bellissima che lo trasformava tutto); Gella vestiva di
einen Anschein wunderschönen der ihn veränderte ganz Gella gekleidet in

colore!... Se ne stava in fondo alla stanza, le spalle appoggiate alla
Farbe Sie sich blieb hinten in dem Zimmer die Schultern gelehnt an das

finestra chiusa, e benché il suo viso restasse oscuro sul fondo
Fenster geschlossene und obwohl das ihre Gesicht blieb dunkel auf dem Hintergrund

luminoso dei vetri la cui luce le circondava i capelli con una
leuchtenden von den Scheiben dessen Licht ihr umgab die Haare mit einem

sfolgorante aureola, mi parve pallida, ma gli occhi scintillanti di un
leuchtenden Heiligenschein mir schien blass aber die Augen leuchteten von einem

sorriso misterioso.
Lächeln geheimnisvollen

Tutte queste osservazioni le feci in un lampo e solo dopo le potei
All diese Beobachtungen sie machte in einem Blitz und nur nachher sie konnte

ben delineare. In quel momento ero così esaltato che corsi prima a
gut umreißen In jenem Moment war so überschwänglich dass lief zuerst zu

Gella anzichè a mio padre, in atto di abbracciarla. Ma lei mi stese
Gella anstatt zu meinem Vater im Akt zu sie umarmen Aber sie mir ausstreckte
In atto di fare qualcosa = Anstalten machen um zu

66

freddamente la mano. Mio padre intanto, contento senza dubbio del
kalt   die Hand   Mein Vater währenddessen zufrieden ohne Zweifel von

mio   insolito slancio d' affetto per Gella, si arricciava i baffetti
meinem ungewöhnlichen Ausbruch der Zuneigung für Gella sich zwirbelte die Schnurrbärtchen

biondi, e mi diceva con un sorriso:– Abbracciala pure. È mia
blonden und mir sagte mit einem Lächeln Umarme sie ruhig Sie ist meine

moglie!...
Ehefrau

La dama bianca
Die Dame weiße

Vicino ad uno dei più pittoreschi villaggi del Nuorese, noi abbiamo
Neben an einem der mehr malerischen Dörfer von [Region] wir haben

un podere coltivato da una famiglia dello stesso villaggio. Il capo
ein Landgut [hier:] betrieben von einer Familie aus dem selben Dorf Das Oberhaupt

di questa famiglia, già vecchio, ma ancora forte e vigoroso, – strano
von dieser Familie schon alt aber noch stark und kräftig seltsamer

tipo di sardo con una soave e bianca testa di santo,
Typ [hier:] eines Sarden mit einem lieblichen und weißen Kopf [hier:]eines Heiligen

degna del Perugino, – viene ogni tanto a Nuoro per portarci i
würdig des [Maler] kommt jedes viel nach [Ortschaft] um uns bringen die
ogni tanto = hin und wieder

cocci ed i prodotti del podere, e ogni volta ci racconta bizzarre
Miete und die Produkte des Landguts und jedes Mal uns erzählt wunderliche

storie che sembrano leggende, invece accadute in realtà tra i
Geschichten die scheinen Legenden aber geschehen in Wirklichkeit zwischen den

monti, le colline, e le pianure misteriose dove egli ha trascorso la
Bergen den Hügeln und den Ebenen geheimnisvollen wo er hat verbracht das

sua vita vagabonda, e a molte delle quali egli ha preso parte...
seine Leben umherziehende und an vielen von den jenigen er hat teilgehabt

Egli si chiama zio Salvatore. Ecco dunque l' ultima storia che egli
Er sich nennt Onkel Salvatore Hier also die letzte Geschichte die er

ci ha raccontato, che molti non crederanno, e che pure è realmente
uns hat erzählt die viele nicht glauben werden und die trotzdem ist wirklich

avvenuta in questa terra delle leggende, delle storie cruenti e
geschehen in diesem Land von den Legenden von den Geschichten grausamen und

sovrannaturali, delle avventure inverosimili.
übernatürlichen von den unwahrscheinlichen Abenteuern

Era una notte di maggio del 1873. In una capanna perduta nelle
Es war eine Nacht von Mai des 1873 [Jahr] In einer Hütte verlorenen in der

vicinanze solitarie del villaggio di zio Salvatore, due giovani pastori
Nähe einsamen von Dorf von Onkel Salvatore zwei junge Hirten

dormivano accanto al fuoco semi-spento. Fuori, vicino alla
schliefen neben dem Feuer halb [hier:] erloschenen Draußen neben an der

capanna, le vacche dormivano nel' ovile di pietre e di siepe, e la
Hütte die Kühe schliefen in dem Stall aus Steinen und aus Büschen und der

luna d'aprile, tramontando ad occidente di un bel roseo,
Mond von April untergehend im Westen von einem schönen rosig [Farbe]

illuminava la campagna sterminata, nera, chiusa da montagne
erleuchtete das Land unendliche schwarze [hier:] umgeben von Bergen

nude, a picco.
nackten senkrechten

A un certo punto uno dei pastori si svegliò, e rizzandosi a sedere
Zu einem bestimmten Punkt einer der Hirten sich aufwachte und sich aufrichtend zum Sitzen

> A un certo punto = plötzlich

guardò se albeggiava. Visto che la notte era ancora alta ravvivò il
schaute ob dämmerte Gesehen dass die Nacht war noch hoch neu entfachte das

> visto che = da   notte alta = tiefe Nacht

fuoco, e, a gambe incrociate restò un momento muto, immobile,
Feuer und mit Beinen gekreuzt blieb einen Augenblick stumm unbeweglich

> A gambe in croce = im Schneidersitz

tormentato da un pensiero; poi svegliò il compagno. Erano
geplagt von einem Gedanken dann weckte auf den Gefährten Waren

entrambi bruni, simpatici e forti, ma il primo svegliato, che si
beide braunhaarig sympathisch und stark aber der erste aufgewachte der sich

chiamava Bellia, cioè Giommaria, era più alto e ben fatto, con una
nannte Bellia also Giommaria war mehr hoch und gut gemacht mit einem

> ben fatto = gut gebaut

testa signorile che colpiva, e faceva chiedere se a chi apparteneva
Kopf herrschaftlichen der traf und [hier:] ließ fragen ob an wen gehörte

non era figlio di qualche ricco Don.
nicht sei Sohn von irgendeinem reichen Don

> Don = ehemals Anrede für Adelige

– Antonio? – chiamò, scuotendo il compagno per svegliarlo.
Antonio rief schüttelnd den Gefährten um zu ihn wecken

– Che c'è? Cosa accade?... – rispose Antonio, balzando a sedere
Was ist Was geschieht antwortete Antonio springend ins Sitzen

inquieto e con gli occhi spalancati. – Che cosa c'è?...
unruhig und mit den Augen aufgerissenen Was Ding ist

– Nulla. Ti ho svegliato per dirti una cosa. Senti. È la terza notte
Nichts Dich habe geweckt um zu dir sagen eine Sache Höre Ist die dritte Nacht

che sogno il medesimo sogno. Io non credo ai sogni, ma perdio,
die träume den selben Traum Ich nicht glaube an die Träume aber Herrgott

68

quando si sogna per tre notti di seguito sempre la stessa cosa, c' è da
wenn man träumt für drei Nächte in Folge immer die selbe Sache es ist zu

pensare.
denken

– Mi hai svegliato per ciò? – chiese l' altro con un sorriso scettico e
Mich hast geweckt für dies fragte der andere mit einem Lächeln skeptischen und

di compassione. – Hai forse sognato che ti portavano alla forca?
von Mitleid Hast vielleicht geträumt dass dich brachten an den [hier:] Galgen

– No – esclamò Bellia senza scomporsi. – Senti. Mi appare
Nein rief aus Bellia ohne sich durcheinander bringen zu lassen Höre Mir erscheint

sempre in sogno una signora vestita all'antica, così credo io perché le
immer im Traum eine Dame gekleidet im antiken [Stil] so denke ich weil die

signore ora sono vestite diversamente, con un mantello di velluto
Damen nun sind gekleidet unterschiedlich mit einem Umhang aus Samt

bianco che la copre da capo a piedi. Ha il volto bianco come il suo
weißen der sie bedeckt von Kopf bis Fuß Hat das Gesicht weiß wie den ihren

manto, e gli occhi neri, enormi, con sopracciglia arcuate, folte e
Mantel und die Augen schwarz riesengroß mit Augenbrauen geschwungene dichten und

congiunte, e i capelli, pure neri, attorcigliati intorno alle orecchie...
verbunden und die Haare rein schwarz gewickelt um herum an die Ohren

– Beh! Come le Olianesi! – esclamò Antonio con ironia, che si
Und Wie die Holländerinnen rief aus Antonio mit ironie der sich

interessava poco a quel sogno e aveva molta voglia di riaddormentarsi.
interessierte wenig an jenem Traum und hatte viel Lust zu sich wieder einschlafen

– È sempre la stessa... tre notti di seguito, comprendi?
Ist immer die selbe drei Nächte in Folge verstehst du

– Cosa diavolo ti fa? Sognare delle dame, perdio!
Was [zum] Teufel dir macht Träumen von den Damen Herrgott

– Aspetta. Mi guarda a lungo, con quegli occhi severi bellissimi che mi
Warte Mich ansieht [---] lange mit jenen Augen ernsten wunderschönen die mir

fanno paura e meraviglia, e mi dice: "Bellia, cammina, cammina!
machen Angst und Erstaunen und mir sagt Bellia gehe gehe

Va nei campi di San Matteo, presso il bosco, vicino al torrente.
Gehe in die Felder von [Ort] bei dem Wald neben dem Bach

Troverai una pietra di granito, a dieci passi dal torrente, presso il
Wirst finden einen Stein aus Granit in zehn Schritten von dem Bach neben dem

primo albero del bosco, il più grosso che c'è. Leva la pietra:
ersten Baum von dem Wald der mehr große den es gibt Heben den Stein

troverai un' altra pietra fissa al suolo. Leva anche questa e vedrai
wirst finden einen anderen Stein befestigt am Boden Hebe auch diesen und wirst sehen

una croce di ferro posta attraverso ad un buco. Bellia, cammina
ein Kreuz aus Eisen gelegt über [---] ein Loch Bellia gehe

cammina, arriva oggi stesso: altrimenti i tuoi passi saranno
gehe komme an heute selbst sonst die deinen Schritte werden sein
oggi stesso = noch heute

perduti e il demonio s' impossesserà della tua fortuna".
[hier:] umsonst und der Teufel sich wird Besitz ergreifen von dem deinen Reichtum

– Accidenti, che bel sogno! – gridò Antonio. Ma, nonostante la sua
Verdammt welch schöner Traum schrie Antonio Aber trotz der seinen

scettica ironia, egli sentì un brivido serpeggiargli per le reni.
skeptischen Ironie er spürte einen Schauer ihm schleichen über die Nieren

Nella sua infanzia aveva udito tante storie di tesori nascosti,
In der seinen Kindheit hatte gehört viele Geschichten von Schätzen versteckten

custoditi dal diavolo che se ne impossessava, se dopo un certo
bewacht von dem Teufel der sich davon Besitz ergriff wenn nach einer bestimmten

tempo non venivano ritrovati, e nella sua prima giovinezza gli
Zeit nicht wurden wiedergefunden und in der seinen [hier:] frühen Jugend ihm

era accaduto un fatto strano di quel genere: una notte, fuggendo
war geschehen ein Ereignis seltsames von jener Art eine Nacht fliehend

attraverso un bosco, inseguito dai carabinieri, perché allora egli
durch einen Wald verfolgt von den Carabinieri weil damals er
Carabinieri = Polizeinheit, dem italienischen Heer angehörend

latitava, imputato di un omicidio di cui più tardi era stato
war Flüchtig angeklagt von einem Mord von dem mehr spät war gewesen

assolto, aveva veduto, al chiaro della luna, un mucchio di splendide
freigesprochen hatte gesehen im Hellen von dem Mond einen Haufen von prächtigen
al chiaro di Luna = im Mondschein

stoffe, broccati, panni fini e sete, e due vasi pieni d' oro, e aveva
Stoffen Brokate Tuch feines und Seide und zwei Vasen voll mit Gold und hatte

chiaramente sentito una voce, uscente dal prezioso mucchio, dirgli:
deutlich gehört eine Stimme kommend aus dem wertvollen Haufen ihm sagen

– Fermati, tutto è tuo, fermati! –. Ma, poco distante, egli udiva il
Bleib stehen alles ist dein bleib stehen Aber wenig entfernt er hörte den

passo dei carabinieri e gli era impossibile fermarsi: quindi proseguì
Schritt der Carabinieri und ihm war unmöglich stehen zu bleiben also fuhr fort

la sua corsa. Scampato il pericolo, l' indomani tornò a quel sito,
den seinen Lauf Entronnen der Gefahr am morgigen Tag kehrte zurück an jenen Ort

ma invece di stoffe trovò grandi pietre di granito nero in forma di
aber anstatt von Stoffen er fand große Steine aus Granit schwarzen in Form von

pezze, e due tronchi bruciati che conservavano la figura di vasi.
Tüchern und zwei Baumstämme verbrannte die behielten die [hier:] Form der Vasen

Nonostante tutto ciò egli, che credeva solo alla realtà delle cose,
Trotz all dem er der glaubte nur an die Wirklichkeit von den Dingen

derise il proponimento di Bellia di recarsi, appena fatto giorno, al
lachte aus den Vorschlag von Bellia zu sich begeben sobald gemacht Tag in die

piano di San Matteo per cercare la pietra indicata dalla bianca
Ebene von [Ort] um zu suchen den Stein gewiesenen von der weißen

dama del sogno.
Dame des Traums

Ma l' altro, che non prestava anch'esso molta fede ai sogni, ma
Aber der andere der nicht [hier:] gab auch er viel Vertrauen in die Träume aber

che ad ogni modo voleva assicurarsi, restò nella sua decisione per
der in jede Art wollte sich absichern blieb in dem seinen Entschluss für
ad ogni modo = jedenfalls

tutto il resto della notte e sarebbe senza alcun dubbio partito, se
ganzen den Rest von der Nacht und wäre ohne jeden Zweifel losgegangen wenn

all' albeggiare, entrato nell'ovile, non avesse trovato una delle sue
an dem Morgenrauen eingetreten in den Stall nicht hätte vorgefunden eine von den seinen

migliori vacche, ammalata: era una bella vacca grigia, alta e
besten Kühen erkrankt war eine schöne Kuh graue hoch und

intelligente, a cui Bellia voleva bene più che al resto delle sue
intelligent zu der Bellia wollte gut mehr als an den Rest von den seinen
voler bene a qualcuno = jemanden lieb haben

vacche, e che chiamava col dolce nome di Bella mia. L'improvviso
Kühen und die rief mit dem süßen Namen von Bella mia Das plötzliche
Bella mia = meine Schöne

malessere di Bella mia gli fece scordare lo strano sogno e il progetto
Unwohlsein von Bella mia ihn ließ vergessen den seltsamen Traum und den [hier:] Plan

di recarsi al sito indicatogli dalla dama. Andò invece al
zu sich begeben an den Ort ihm gewiesen von der Dame Ging stattdessen in das

villaggio e condusse con sé un vecchio pastore che conosceva e
Dorf und führte mit sich einen alten Hirten der kannte und

curava ogni più grave malattia del bestiame. Ma neppure zio
heilte jede mehr schlimme Krankheit von dem Vieh Aber nichtmal Onkel
ogni più grave = jede noch so schlimme

Lallanu non poté conoscere che razza di male fosse quello di Bella
Lallanu nicht konnte kennen was Art von Unheil sei jenes von Bella

mia. Era un mistero: si sarebbe detto che la vacca era avvelenata o
mia War ein Mysterium man hätte gesagt dass die Kuh war vergiftet oder

che avesse qualche spirito maligno in corpo. Neppure il veterinario,
dass hätte irgendeinen Geist bösen im Körper Nicht mal der Tierarzt

neppure il medico condotto seppero dirne nulla. Tuttavia dopo
nicht mal der Bezirksarzt konnten dazu sagen nichts Trotz allem nach

qualche giorno Bella mia guarì improvvisamente, misteriosamente,
einigen Tagen Bella mia wurde gesund plötzlich geheimnisvollerweise

come si era ammalata, e riprese a vagare tranquilla con le
so wie sich war erkrankt und fing wieder an zu umherziehen ruhig mit den

compagne, attraverso i campi freschi,   tra   i fieni odorosi di
Gefährtinnen   durch   die Felder   frischen   zwischen den Heuen duftenden von

margheritine, con grande contentezza di Bellia che, naturalmente, non
kleinen Margeriten   mit   großer   Zufriedenheit von Bellia der   natürlich   nicht
margerite = Gänseblümchen

pensava più di andare lassù,   nei piani rocciosi di San Matteo.
dachte   mehr zu gehen   dort hoch in die Ebenen felsigen von   [Ort]

Qualche tempo dopo, però, Bellia e Antonio, cambiando le vacche da
Einige   Zeit   danach aber Bellia und Antonio   tauschend die Kühe von

un pascolo all' altro, passarono per caso lassù.   Era un lembo
einer Weide auf die andere   kamen vorbei zu Zufall dort oben War ein Streifen

bizzarro   di paesaggio: campi deserti   e selvaggi di montagna, pieni
absonderlicher von Landschaft   Felder verlassen und   wilde   von Bergen   voll

di roccie e di felci, circoscritti da boschi di querce   secolari   e
mit Felsen und von Flechten   umgeben   von Wäldern von Eichen Jahrhunderte alten und

chiamati campi di San Matteo da una chiesetta distrutta, là vicina.
genannt   Felder von   [Ort]   von einer kleinen Kirche zerstörten   dort nah
là vicino = dort in der Nähe

I due pastori ricordarono il sogno o i sogni di Bellia, e Antonio
Die zwei   Hirten   erinnerten   den   Traum oder die Träume von Bellia   und   Antonio

fu il primo a proporre di guardare se c' era la pietra e l' albero
war der Erste zu vorschlagen zu schauen   ob es gab den Stein und den Baum

sognato.
geträumten

Costeggiarono la riva   del torrente asciutto, e arrivati vicinissimi
Liefen entlang   dem Ufer von dem   Bach   trockenen und gekommen ganz nah

al   bosco, Bellia cambiò in volto di colore. Egli vedeva l' albero, il
an den Wald   Bellia änderte im Gesicht die Farbe   Er   sah den Baum den

più grosso che si scorgesse, e vedeva la pietra di granito
mehr dicken   den man sehen konnte und   sah   den Stein aus Granit

precisamente eguali come nel   suo sogno!– Perdio! Perdio! – disse,
genau   gleich   wie in dem seinen Traum   Herrgott Herrgott sagte

bianco in viso e con gli occhi scintillanti. Si slanciò sulla pietra ma
weiß   im Gesicht und mit   den Augen glitzernden Sich warf auf den Stein aber

da solo non poté smuoverla, Antonio lo aiutò e, dopo molti sforzi,
allein   nicht konnte ihn bewegen Antonio ihm half und nach vielen Anstrengungen

riuscirono a scostarla: sotto Bellia vide l' altra pietra, più piccola
schafften sie zu ihn beisete heben darunter Bellia sah den anderen Stein mehr klein

fissa al suolo, come la dama bianca del sogno aveva detto! Allora
fixiert im Boden wie   die Dame weiße aus dem Traum hatte gesagt Dann

anche Antonio si   turbò,   e senza dire nulla, continuò ad aiutare
auch   Antonio sich betroffen wurde und ohne sagen nichts fuhr fort   zu helfen

72

il compagno che, livido, con le labbra frementi, smuoveva la terra
dem Gefährten der blass mit den Lippen zitternden beiseite schaffte die Erde

con le mani, intorno alla pietra. Riuscirono a trarre via anche
mit den Händen um herum an dem Stein Schafften zu ziehen weg auch

questa, e si guardarono in viso, muti, stupiti, spaventati: là sotto
diesen [Stein] und sich sahen ins Gesicht stumm verwundert erschrocken dort drunter

c'era la croce di ferro del sogno, posta attraverso di un buco. Bellia
es war das Kreuz aus Eisen aus dem Traum gelegt über [---] einem Loch Bellia

gridò:– Lo vedi? Lo vedi?... –. Con uno sforzo supremo sradicò la
schrie Es siehst Es siehst Mit einer Anstregung größten herausriss das

croce dal suolo e introdusse il braccio tremante nel buco, e ne
Kreuz aus dem Boden und einführte den Arm zitternden in das Loch und [---]

trasse un gran vaso di ferro arrugginito.
herauszog eine große Vase aus Eisen verrostetem

Non è possibile descrivere la commozione dei due pastori, e
Nicht ist möglich beschreiben die Rührung der zwei Hirten und

specialmente quella di Bellia. Senza dubbio il vaso era pieno di oro e
besonders jene von Bellia Ohne Zweifel die Vase war voll von Gold und

di perle, Dio santissimo... Dio santissimo!...Con la leppa, specie di
von Perlen Gott Allerheiligster Gott Allerheiligster Mit dem *Leppa* Art von
Dio santissimo = um Himmels Willen

grossissimo pugnale a una lama, che i pastori nel Logudoro tengono
sehr großem Dolch mit einer Klinge das die Hirten im [Region] halten

quasi sempre infilata nella cintura, Bellia fece saltare il coperchio del
fast immer gesteckt in den Gürtel Bellia ließ springen den Deckel von der

vaso, e allora ricordò le ultime parole della dama: "Arriva oggi
Vase und dann erinnerte die letzten Worte von der Dame Komme an heute

stesso altrimenti il demonio s' impossesserà della tua fortuna".
selbst sonst der Teufel sich wird Besitz ergreifen von dem deinem Reichtum

Il vaso era pieno di carbone e di cenere, fino in fondo!... Inutile
Die Vase war voll von Kohle und von Asche bis nach hinten Überflüssig
fino in fondo = bis aufs Letzte

ripetere i commenti, la meraviglia, il terrore dei due giovani pastori.
wiederholen die Kommentare die Verwunderung die Angst von den zwei jungen Hirten

Restarono convinti che là esisteva un tesoro e che il demonio
Blieben überzeugt dass dort existierte ein Schatz und dass der Teufel

secondo la tradizione e la leggenda sarda, se lo era appropriato
[hier:] nach der Tradition und der Legende sardischen sich ihn hatte angeeignet

giacché al giorno preciso indicato da chi l' aveva nascosto (la dama
da am Tag genauen gewiesenen von wem ihn hatte versteckt die Dame

bianca, di certo), Bellia non lo aveva levato di là.
weiße sicherlich Bellia nicht ihn hatte gehoben von dort

Ricordarono allora lo strano malore di Bella mia. Sì certamente era
Erinnerten also das seltsame Unwohlsein von Bella mia Ja sicherlich war

stato lo spirito dell' inferno a far ammalare la vacca prediletta di
gewesen der Geist aus der Hölle zu machen erkranken die Kuh bevorzugte von

Bellia per impedirgli di recarsi a San Matteo. I due giovinotti dalla
Bellia um ihn verhindern zu sich begeben nach [Ort] Die zwei Jünglinge von der

fantasia calda e immaginosa come tutti i forti sardi della montagna,
Fantasie warmen und fantasiereichen wie alle die starken Sarden von den Bergen

credettero fermamente a ciò, e ripresero melanconici la loro via,
glaubten fest an das und nahmen wieder auf melancholisch den ihren Weg

dietro le vacche viaggianti, rimpiangendo il tesoro perduto, terrorizzati
hinter den Kühen reisenden nachtrauernd dem Schatz verlorenen terrorisiert

dal soprannaturale; e non dissero mai a nessuno questa arcana
von dem Übernatürlichen und nie 1... sagten ...1 zu niemanden dieses geheimnisvolle

avventura, finché un fatto accaduto più tardi, non li convinse più
Abendteuer bis ein Ereignis geschehen mehr später nicht sie überzeugte mehr

fermamente nella loro credenza.
fest in dem ihrem Glauben

Passarono cinque anni. Bellia, ammogliato e già padre di una
Vergingen fünf Jahre Bellia verheiratet und schon Vater von einem

graziosa bambina, viveva tranquillamente, modestamente, sempre
reizenden Mädchen lebte ruhig bescheiden immer

facendo il pastore, quando un bel giorno di maggio del 1878
machend den Hirten als eines schönen Tages von Mai von 1878 [Jahr]

fu avvisato dal prete che si recasse in casa sua. Bellia, che aveva
wurde benachrichtigt von den Priester dass sich begebe in Haus sein Bellia der hatte

poca relazione col vecchio prete andò subito a trovarlo, pieno di
wenig Beziehung mit dem alten Priester ging sofort zu ihn besuchen voll mit

curiosità su ciò che poteva dirgli. Il prete, di cui è inutile precisare
Neugierde über das was konnte ihm sagen Der Prietser von dem ist unnütz genauer erläutern

il nome, morto dieci anni fa, l' attendeva nella sua piccola camera da
den Namen gestorben zehn Jahre her ihn erwartete in dem seinen kleinen Schlafzimmer

letto, pulita e piena di luce; lo fece sedere vicino al suo seggiolone
sauber und voll mit Licht ihn ließ setzen neben an den seinen großen Stuhl

verde, poi andò egli stesso a chiudere la porta della stanzetta
grünen dann ging er selbst zu schließen die Tür von dem Zimmerchen

precedente, perché, ad ogni caso... le sue piccole nipoti erano così
vorherigen weil in jedem Fall die seinen kleinen Nichten waren so

curiose... Maria specialmente.
Neugierig Maria besonders

Prese tutte le precauzioni possibili, il preter andò a sedersi nel suo
Genommen alle die Vorkehrungen möglichen der Priester ging zu sich setzen in den seinen

74

seggiolone si accomodò gli occhiali e spiegò sul tavolo una carta
großen Stuhl sich aufsetzte die Brille und faltete aus auf dem Tisch ein Papier

gialla, vecchissima. Bellia provava un vago sentimento di timore,
gelbes sehr altes Bellia spürte ein schwaches Gefühl von Angst

davanti a tutti i solenni preparativi del vecchio pastore, e sussultò
vor all den feierlichen Vorbereitungen des alten Priesters und schrak auf

quando esso, tutto ad un tratto, gli disse con serietà:– Questo
als er ganz an einem [hier:] Moment ihm sagte mit Ernsthaftigkeit Dieses

tutto and un tratto = ganz plötzlich

foglio ti riguarda! Il pastore cercò una risposta adeguata; ma non
Blatt dich betrifft Der Hirte suchte eine Antwort angemessene aber nicht

trovandola credette bene di stare zitto.– Io ho novant'anni, – proseguì
sie findend dachte gut zu bleiben still Ich habe neunzig Jahre fuhr fort

credere bene di = gut daran tun

il prete, che pareva, sì, molto vecchio, ma che non dimostrava
der Priester der schien ja sehr alt aber der nicht zeigte

quell' età, levandosi gli occhiali e fissando Bellia coi suoi occhi
jenes Alter sich absetzend die Brille und anschauend Bellia mit den seinen Augen

chiari, che sembravano più buoni e lattei, sotto le sopracciglia
hellen die schienen mehr gut und milchig unter den Augenbrauen

bianche, – io ho novant'anni, figlio mio, e da circa settanta servo il
weißen ich habe neunzig Jahre Sohn mein und seit etwa siebzig diene dem

Signore nel nostro villaggio. Non avevo ancora vent' anni quando
Herren in dem unseren Dorf Nicht hatte [hier:] keine zwanzig Jahre als

celebrai la prima messa.– Iddio lo faccia arrivare a cento! – esclamò
feierte die erste Messe Gott ihn mache [hier:]erreichen die Hundert rief aus

Bellia.– ...
Bellia

Lo stesso anno morì, vecchio esso pure, l' antico rettore della nostra
Das selbe Jahr starb, alt er auch der alte Rektor von der unseren

chiesa, e pochi giorni prima di rendere l' anima al nostro
Kirche und wenige Tage bevor zu zurückgeben die Seele an den unseren

Santissimo Creatore, mi disse: "Dopo la mia morte vi faranno
Allerheiligsten Schöpfer mir sagte Nach dem meinen Tod euch werden machen

senza dubbio prete, quindi io devo affidarvi una grave missione.
ohne Zweifel Prieser also ich muss euch anvertrauen eine schwere Mission

Sedete, che prima devo raccontarvi una storia". Io mi assisi al suo
Setzt euch dass zuerst muss euch erzählen eine Geschichte Ich mich setzte an das seine

capezzale e, rimasti soli, il mio vecchio e venerato rettore mi narrò
Kopfende und geblieben allein der meine alte und ehrwürdige Rektor mir erzählte

questo fatto: "Trentacinque o trentasei anni fa, cioè verso il
dieses Ereignis Fünfunddreißig oder sechsunddreißig Jahre her also um das

1773 ci era qui, in questo villaggio, un giovinotto della famiglia M.
1773 [Jahr] es gab hier in diesem Dorf einen Jüngling in der Familie M

la quale vive tutt'ora. Era un giovine ricco, bello, notaio laureato,
die jenige lebt noch immer War ein Junge reicher schöner Notar mit Diplom

sposatosi poco prima a una damigella della città di Sassari, dove egli
sich verheiratet wenig davor mit einer jungen Dame aus der Stadt von [Stadt] wo er
poco prima = kurz zuvor

aveva studiato. La moglie si chiamava Donna Maria Croce M***,
hatte studiert Die Ehefrau sich nannte Dame Maria Croce M***
[diese Geschichte ist historisch belegt, deshalb wir der volle Name nicht erwähnt]

figlia di un gentiluomo genovese e di una dama sarda, molto ricchi,
Tochter von einem Edelmann genuesischen und von einer Dame sardischen sehr reich

stabiliti a Sassari, dove essa era nata.
sesshaft geworden in [Stadt] wo sie war geboren

Poteva avere un venticinque anni, ed era molto bella, ma di una
Konnte haben ein fünfundzwanzig Jahre und war sehr schön aber von einer

bellezza piuttosto severa con grandi occhi neri e sopracciglia
Schönheit eher ernsten mit großen Augen schwarzen und Augenbrauen

arcuate, e i capelli attorcigliati intorno alle orecchie, alla
geschwungenen und die Haare gewunden um herum an die Ohren auf die

fiamminga come diceva essa. Inoltre andava sempre riccamente
flämische [Art] wie sagte sie Außerdem ging immer reich

vestita e usava portare un manto di velluto bianco. Forse a causa del
gekleidet und pflegte zu tragen einen Umhang aus Samt weißem Vielleicht aufgrund des

suo strano vestire, che la rassomigliava a una fata, e perché sapevasi
ihren seltsamen Kleidens das sie ähnelte an eine Fee und weil man wusste

che suo padre si dilettava di fisica e di astrologia e che essa
dass ihr Vater sich vergnügte mit Physik und mit Astrologie und dass sie

pigliava parte ai suoi esperimenti, appena arrivò qui si sparse
nahm Teil an den seinen Experimenten sobald sie ankam hier sich verbreitete
Spargeresi la voce = Gerüchte verbreiten

subito la voce che malignamente diceva: Donna Maria Croce se la
sofort die Stimme die boshaftig sagte Dame Maria Croce sich das

intende con gli spiriti; Donna Maria Croce ha stregato Don Gavino, il
versteht mit den Geistern Dame Maria Croce hat verhext Don Gavino den

marito, e lo ha costretto per forza di una magia a sposarla, e simili
Ehemann und ihn hat gezwungen mit Gewalt von einem Zauber zu sie heiraten und ähnliche

cose dell' altro mondo.
Dinge von der anderen Welt

Fatto sta che Don Gavino, prima di ammogliarsi con essa, faceva
Fakt ist dass Don Gavino bevor zu sich verheiraten mit ihr machte

l' amore con un' altra ragazza del villaggio, di buona famiglia, sì, e
die Liebe mit einem anderen Mädchen aus dem Dorf aus guter Familie ja und

anche bellina, ma povera come Gesù Cristo, chiamata Rosanna.
auch recht hübsch aber arm wie Jesus Christus genannt Rosanna

Anzi, per non perdere tempo, essendoci solenne promessa di
Besser noch um nicht verlieren Zeit es gebend feierliche Versprechen zur

matrimonio, Rosanna e Don Gavino si erano regalati una bella
Hochzeit Rosanna und Don Gavino sich hatten geschenkt ein schönes

bambina. Fatto per cui la ragazza fu scacciata da casa sua, benché
Mädchen Weswegen das Mädchen wurde verjagt von Haus ihrem obwohl

Gavino giurasse e spergiurasse di sposarla appena finiti gli studi.
Gavino versprach und [hier:]nochmals versprach zu sie heiraten sobald beendet das Studium

Invece l' ultimo anno che passò a Sassari conobbe Donna Maria
Stattdessen das letzte Jahr das verbrachte in [Stadt] lernte kennen Dame Maria

Croce: e vederla, innamorarsene, chiederla in isposa, sposarla e
Croce und sie sehen sich in sie verlieben sie fragend zur Braut sie heiraten und

portarla quaggiù, fu tutt'uno. Rosanna ne fece una grave malattia,
sie bringen hier runter war alles eins Rosanna daraus machte eine schwere Krankheit

ma non disse una sola parola di lamento.
aber nicht sagte ein einziges Wort der Klage

Ma erano passati appena sei mesi che Don Gavino si era sposato,
Aber waren vergangen gerade sechs Monate dass Don Gavino sich war verheiratet

allorché una notte rientrando a casa sua un uomo lo afferrò e nel
dass eine Nacht wiedereinkehrend in Haus sein ein Mann ihn ergriff und in

buio della via lo uccise a stoccate. Toccò allora a Donna Maria
Dunkelheit von der Straße ihn umbrachte mit Hieben Es war nun an Dame Maria

Uccidere a stoccate = totschlagen

Croce ad ammalarsi: e appena guarita, data di anima e corpo a
Croce zu sich erkranken und sobald wieder gesund gegeben von Seele und Leib zu

cercare chi fosse l'assassino del marito, riuscì a scoprirlo in un
suchen wer sei der Mörder des Ehemannes schaffte zu ihn entdecken in einem

giovinotto innamorato perdutamente di Rosanna, che gli aveva
Jüngling verliebt verloren in Rosanna die ihm hatte

Innamorato perdutamente = bis über beide Ohren verliebt

promesso la mano di sposa purché uccidesse Don Gavino.
versprochen die Hand von Braut wenn nur tötete Don Gavino

Donna Maria Croce lo accusò: fu arrestato, ma mancando le prove
Donna Maria Croce ihn anklagte wurde verhaftet aber fehlend die Beweise

materiali del delitto, nonostante il denaro e la potenza della
[hier:] handfesten von dem Delikt trotz des Geldes und der Macht von der

bella vedova, fu rilasciato libero. Tuttavia la dama era sicura del
schönen Witwe wurde wieder gelassen frei Trotzdem die Dame war sicher der

essere sicuro del fatto suo = sich seiner sicher sein

fatto suo, e giacché la giustizia umana non la vendicava, decise di
Sache ihrer und da die Justiz menschliche nicht sie rächte entschloss zu

fare   vendetta da sé. Un anno era passato dalla morte di Don Gavino,
machen Rache von sich Ein Jahr war vergangen von dem Tod von Don   Gavino

e in questo frattempo moriva anche il padre di Donna Maria Croce,
und in dieser Zwischenzeit starb   auch der Vater von Dame Maria Croce

lasciandola erede di un grosso patrimonio. Essa partì a Sassari,
sie hinterlassend Erbe von einem großen Vermögen   Sie   reiste nach [Stadt]

vendette tutto, poi ritornò qui.
verkaufte alles   dann kehrte zurück hier

Il giorno di Pasqua Rosanna sposò. La chiesa era affollata, e   tra
Der Tag von Ostern   Rosanna heiratete Die Kirche war überfüllt und zwischen

la moltitudine spiccava Donna Maria Croce, vestita di nero,   col
der Menge   stach hervor Dame Maria Croce gekleidet in schwarz mit dem

mantello bianco, e   uno stiletto d'argento nella cintura, inginocchiata
Mantel   weißen und einem Stilett aus Silber in dem Gürtel   gekniet
stiletto = unauffällige Stichwaffe mit einer langen, schlanken Klinge

dietro la balaustrata dell' altare. Quando diedi la benedizione agli
hinter der Brüstung von dem Altar   Als ich gab die Segnung   an das

sposi,   la vidi alzarsi   ritta, bianchissima in viso e gli occhi
Brautpaar [ich] sie sah sich hinstellen aufrecht sehr weiß im Gesicht und die Augen

fiammeggianti. Rosanna e lo sposo erano appena   scesi   dai
flammend   Rosanna und der Bräutigam waren gerade heruntergestiegen von den

gradini dell' altare, allorché essa si slanciò su loro, e col suo
Stufen von dem Altar als   sie sich warf auf sie und mit dem ihren

stiletto pugnalò il giovine dicendo: – Vi rendo   il vostro!...
Stilett erstach den Jungen sagend   Euch gebe zurück das Eure

Figuratevi il parapiglia, la confusione, le grida del popolo, e la scena
Stellt euch vor das Getümmel das Durcheinander die Schreie des Volkes und die Szene

che seguì. Rosanna svenne, poi si ammalò dallo spavento e
die folgte Rosanna fiel in Ohnmacht dann sich erkrankte von dem Schreck und

morì dopo qualche mese,   fra i più atroci rimorsi, giacché per
starb nach einigen Monaten zwischen den mehr grausamen Gewissensbissen da   auf

causa sua erano morti due uomini. Donna Maria Croce fu arrestata,
Grund ihrer waren gestorben zwei Männer Dame Maria Croce wurde verhaftet
A causa sua = ihretwegen

e benché a quei tempi la giustizia si facesse come si sia, non valse
und obwohl zu jenen Zeiten die Justiz man machte wie sich sei nicht galt

né   l' oro, né le pratiche dei parenti, per diminuire la sua pena.
weder das Gold noch die Handlungen der Verwandten um zu mindern die ihre Strafe

Fu condannata ad essere impiccata, e così fu.
Wurde verurteilt zu sein erhängt und so war es

Prima di morire mi fece avvisare e si confessò. Poi mi disse di
Bevor zu sterben mich ließ benachrichtigen und sich beichtete Dann mir sagte zu

avere nascosto tutto l' oro tratto dalla vendita del suo patrimonio, nel
haben versteckt all das Gold erhalten von dem Verkauf des ihren Vermögens im

bosco di San Matteo, presso la chiesetta, in un vaso di ferro a piè
Wald von [Ort] nahe der kleinen Kirche in einer Vase aus Eisen zu Füßen

di un albero. E mi confidò di voler lasciare questo tesoro alla terza
von einem Baum Und mir anvertraute zu wollen lassen diesen Schatz an die dritte

generazione di Rosannedda, la figlia di Rosanna e di Don Gavino,
Generation von Rosannedda die Tochter von Rosanna und von Don Gavino

affinché ciò servisse di qualche alleviamento ai suoi peccati, dinanzi
damit das diene zu etwas Erleichterung an die ihre Schuld vor

alla misericordia di Dio.– Questo è il mio testamento, – mi disse
an die Barmherzigkeit von Gott Dies ist das meine Testament mir sagte

porgendomi una carta, – conservatela e alla vostra morte
mir reichend ein Papier verwahrt es und an dem euren Tod

consegnatela al vostro successore, perché faccia altrettanto. Così
überreicht es an den euren Nachfolger damit mache genauso So

dunque fino alla terza generazione di Rosannedda. Allora colui che
also bis zu der dritten Generation von Rosannedda Dann derjenige der

avrà questa carta la consegni, pochi giorni prima della data
haben wird dieses Papier es überreiche wenige Tage vor von dem Datum

indicatavi, al pronipote della fanciulla, ed egli vedrà il da farsi.
euch gewiesen an den Urenkel von dem Mädchen und er wir sehen das zu sich tun

vedere in da farsi = sehen was zu tun ist

Lo avverta però di recarsi il giorno preciso, perché se tarderà
Ihn warne aber zu sich begeben den Tag genau weil wenn verspäten wird

un' ora sola tutto sarà invano...
eine Stunde nur alles wird sein umsonst

Pregai la dama di spiegarmi questa frase, ma essa non volle dirmi
Bittete die Dame zu mir erklären diesen Satz aber sie nicht wollte mir sagen

nulla a proposito, epperò quel giorno, Dio mi perdoni, credetti
nichts in Bezug [darauf] aber jenen Tag Gott mir vergebe, glaubte

anch'io che essa avesse qualche relazione col mondo soprannaturale,
auch ich dass sie habe irgendeine Beziehung mit der Welt übernatürlichen

perché quando le chiesi: – E se Rosannedda muore senza erede? –
weil als [ich] sie fragte Und wenn Rosannedda stirbt ohne Erbe

mi rispose: – No! Si mariterà ed avrà una figlia che anch'essa
mir antwortete Nein Sich wird verheiraten und wird haben eine Tochter die auch sie

piglierà marito dal quale avrà numerosa famiglia. Il figlio
wird nehmen Mann von jenem wird haben zahlreiche Familie Der Sohn

maggiore, in ultimo, avrà un figliuolo nei cui nomi ci sarà
älteste in letzter wird haben einen kleinen Sohn in den dessen Namen es wird sein

in ultimo = zu guter Letzt

79

uno dei nomi miei. Questo è il destinato...– E se, – domandai, –
einer der Namen meiner   Dies ist der Bestimmte   und wenn   fragte ich

qualche altro cerca impossessarsi del tesoro?...– Invano! Solo
jemand anderes versucht sich Besitz zu ergreifen von dem Schatz   Unnütz   Nur

colui che voglio io lo troverà, purché anch'esso arrivi in tempo.
derjenigen der will ich, ihn wird finden sofern auch er komme rechtzeitig

Donna Maria Croce non mi disse altro; mi consegnò la carta e da
Dame   Maria   Croce nicht mir sagte anderes mir   überreichte das Papier und von

quel momento sino all' ora della morte non fece che pregare. Morì
jenen Moment bis zu der Stunde von dem Tod nichts machte als zu beten Starb

coraggiosamente, da buona cristiana, ed io la piansi come una
mutig   als gute Christin und ich [um] sie weinte wie ein

figliuola.
Töchterlein

Come essa aveva predetto Rosannedda, dopo molti anni, si maritò
Wie sie hatte vorhergesagt Rosannedda nach vielen Jahren sich verheiratete

ed ebbe una figlia che vive tutt' ora, ed è una bella ragazza anch'essa
und hatte eine Tochter die lebt alle Stunde und ist ein schönes Mädchen auch sie
tutt'ora = noch heute

che voi senza dubbio conoscete. Io conservai il testamento di Donna
das Ihr ohne Zweifel kennt Ich verwahrte das Testament von Dame

Maria Croce, religiosamente, e mai mi venne il pensiero di accertarmi
Maria Croce fromm und nie mir kam der Gedanken zu mich versichern

sulla verità di ciò che essa mi aveva confidato. Ora lo consegno a voi,
über die Wahrheit von dem was sie mir hatte anvertraut Nun es übergebe an Euch

secondo l' ordine suo, e voi farete altrettanto se, Dio lo voglia,
nach dem Befehl ihren und Ihr werdet machen genauso wenn Gott es will

non arriverete a conoscere l' erede".
nicht werdet kommen zu kennen den Erben

– Ciò detto, – continuò il vecchio prete, – il mio venerato precessore
Dies gesagt fuhr fort der alte Priester der mein ehrwürdiger Vorgänger

mi consegnò la carta che tu vedi qui, o Bellia. Poco dopo esso morì,
mir überreichte das Papier das du siehst hier o Bellia Wenig nachdem er starb

ed io, a mia volta, custodii per ben settanta anni questo prezioso
und ich meinerseits aufbewahrte für gut siebzig Jahre dieses wertvolle

segreto che nessuno conosce. Sempre secondo la predizione di Donna
Geheimnis das niemand kennt Immer nach der Vorhersage von Dame

Maria Croce, anche io vidi la bella figlia di Rosannedda maritarsi
Maria Croce auch ich sah die schöne Tocher von Rosannedda sich verheiraten

e procreare una numerosa famiglia. Il maggior figlio giunto il suo
und fortpflanzen eine zahlreiche Familie Der älteste Sohn erreicht die seine

turno, si ammogliò, e suo figlio sei tu, Bellia, o Giovanni Maria, che
[hier:] Zeit sich verheiratete und sein Sohn bist du Bellia oder Giovanni Maria der

infatti hai uno dei nomi di Donna Maria Croce.
tatsächlich hast einen der Namen von Dame Maria Croce

Ecco giunto il tempo. Io ti consegno il testamento e tu, senza l'aiuto
Da gekommen die Zeit Ich dir überreiche das Testament und du ohne die Hilfe

di nessuno, puoi benissimo metterlo in esecuzione!...
von niemanden kannst sehr gut es setzten in Ausführung

– Io credo che sia troppo tardi! – esclamò Bellia, che durante il
Ich glaube dass sei zu viel spät rief aus Bellia der während der

racconto aveva riflesso tutti i colori dell' arcobaleno, morsicandosi
Erzählung hatte wiedergespiegelt alle die Farben von dem Regenbogen sich beißend

più di una volta le labbra per non dare in esclamazioni e per non
mehr als ein Mal die Lippen um nicht geben in Ausrufe und um nicht

mancare di rispetto al prete, interrompendolo. – Anzi è troppo
fehlen von Respekt an den Priester ihn unterbrechend Im Gegenteil es ist zu viel

tardi davvero!...
spät wirklich

– Come lo sai tu? – chiese il vecchio stupefatto.
Wie es weißt du fragte der Alte überrascht

Bellia raccontò la sua avventura di cinque anni prima. Al prete
Bellia erzählte das seine Abenteuer von fünf Jahren zuvor Dem Priester

sembrò di sognare; aggrottò le placide sopracciglia bianche, inforcò
erschien zu träumen runzelte die stillen Augenbrauen weißen aufsetzte

nuovamente gli occhiali e lesse per la centesima volta il testamento,
erneut die Brille und las für das hundertste Mal das Testament

poi esclamò:– Gesummio, Gesummio, cosa vuol dire ciò? Ecco
dann rief aus Jesus mein . Jesus mein was soll [hier:] heißen das Da

che io ho seguito tutte le norme datemi; e qui c'entra senza
das ich habe befolgt all die Regeln mir gegebenen und hier [hier:] hat zu tun ohne

dubbio il demonio. Senti il testamento: non è a dire che sia scritto in
Zweifel der Teufel Höre das Testament nicht ist zu sagen dass sei geschrieben in

latino, né spagnolo e neppure in italiano. È scritto proprio in
Latein weder noch Spanisch und nichtmal in Italienisch Ist geschrieben genau in

sardo, in logudorese. Leggilo tu stesso...
Sardisch, in [Dialekt aus der Region] Lese es du selbst

Bellia prese tremando la carta. Era un foglio di carta giallognola,
Bellia nahm zitternd das Papier War ein Blatt von Papier gelblichem

grossissima, fregiata a ghirigori dorati. In un angolo c'era il sigillo
sehr dickem verziert mit Schnörkeln goldenen In einer Ecke es war das Siegel

del padre di Donna Maria Croce, con una corona da cavaliere e un
des Vaters von Dame Maria Croce mit einer Krone von Ritter und einem

D. un E. e un M. intrecciate a una piccola spada, una specie di
D, einem E und einem M geschlungen an ein kleines Schwert eine Art von

stocco: il tutto in oro vecchio, un po' sbiadito dal tempo.
Rapier das Ganze in Gold altem ein bisschen verblichen von der Zeit

stocco = langes, dünnes Schwert

Il bizzarro testamento era davvero scritto in logudorese, con una
Das absonderliche Testament war wirklich geschrieben in [Dialekt aus der Region] mit einer

calligrafia antica, grossa, incerta, tuttavia leggibile, e Bellia lo lesse a
Handschrift alten großen unsicheren trotzdem leserlichen und Bellia es las zu

voce alta, sillabando, con l' accento che gli tremolava un poco: Diceva
Stimme hoher buchstabierend mit dem Tonfall der ihm zitterte ein wenig Es sagte

A voce alta = mit lauter Stimme

così:"Io sottoscritta, Donna Maria Croce M***, vedova di Don Gavino
so Ich Unterzeichnerin Dame Maria Croce M*** Witwe von Don Gavino

Der Text wird hier auf Italienisch - nicht auf Sardisch - wiedergegeben

M***, dichiaro di lasciare in testamento al nipote della figlia di
M*** erkläre zu lassen in Vermächnis an den Enkel von der Tochter von

Rosannedda R***, figlia di Rosanna R*** e del defunto mio marito,
Rosannedda R*** Tochter von Rosanna R*** und des verstorbenen meines Mannes

il tesoro nascosto sotto l' albero più grande, del bosco di San Matteo,
den Schatz versteckt unter dem Baum mehr großen des Waldes von [Ort]

il primo che si trova a dieci passi dal ruscello, e che vada
der erste [Baum] der sich befindet in zehn Schritten von dem Bach und das [er] gehe

a raccoglierlo il giorno venti maggio dell' anno 1878, perché
zu ihn einsammeln den Tag zwanzigsten Mai von dem Jahr 1878 weil

altrimenti non troverà nulla; e che preghi per l'anima mia, e mi
sonst nichts 1... wird finden ...1 und der bete für die Seele meine und mir

faccia celebrare messe di suffragio. Donna Maria Croce M***
lasse feiern Messen der Fürbitte Dame Maria Croce M***

vedova di Don Gavino M***.
Witwe von Don Gavino M***

Sarebbe troppo lungo riferire tutti i commenti e le ciarle che
Es wäre zu lang wiedergeben all die Kommentare und das Geschwätz das

Bellia e il prete fecero. Per accertarsi meglio Bellia, il venti
Bellia und der Priester machten Um sich versichern besser Bellia den zwanzigsten

maggio, tornò a San Matteo e rifrugò sotto a tutti gli alberi,
Mai kehrte zurück nach [Ort] und wieder stöberte unter [---] all den Bäumen

ma non trovò nulla. Per spiegare il mistero diabolico, il prete
aber nichts 1... fand ...1 Um zu erklären das Mysterium teuflische der Priester

mandò il testamento a tutti i suoi amici letterati, sacerdoti e laici,
schickte das Testament zu all den seinen Freunden gebildeten Geistliche und Laien

82

ma nessuno seppe   dirne   nulla. Finalmente la bizzarra carta capitò a
aber niemand   konnte dazu sagen nichts   Schließlich   das wunderliche Papier landete an

un   giovinotto del   villaggio, nipote di zio Salvatore che studiava
einem Jüngling   aus dem   Dorf   Enkel von Onkel Salvatore der   studierte

nel   seminario di Nuoro, e che, oltre le   altre doti, era un eccellente
in dem Priesterseminar von [Ortschaft] und der   außer den anderen Gaben war ein exzellenter

calligrafo. Ed egli spiegò l' enigma. L'ultimo otto del 1878 del
Kallikraph   Und er   erklärte das Rätsel   Die letzte   Acht von dem 1878 von dem
calligrafo = Person die sich der Kunst des Schönschreibens widmet

testamento, non era un otto, ma un tre. Le lineette   del davanti
Testamento   nicht war eine Acht sondern eine Drei   Die kleinen Linien von der Vorderseite

erano fatte in modo da rassomigliarlo ad un otto, e così il vecchio
waren gemacht in Art   zu sie ähneln lassen an eine Acht und so der   alte

prete si era sbagliato di cinque anni nel dare l' avviso   a Bellia!
Priester sich war   geirrt   um   fünf Jahren in dem Geben die Benachrichtigung an Bellia

Weitere Titel dieser Buchreihe: siehe nächste Seite

Weitere Titel dieser Buchreihe

Oscar Wilde: The Canterville Ghost/Das Gespenst von Canterville
Englisch/Deutsch – wörtlich übersetzt –
45 Seiten, Format A5, ISBN 978 – 3 – 94 33 94 – 01 – 6

Edgar Allan Poe/Elke Kublank: The Murders/Der Doppelmord
Englisch/Deutsch – wörtlich übersetzt –
62 Seiten, Format A 5, ISBN 978 – 3 – 94 33 94 – 09 – 2

Arthur Conan Doyle/Katharina Jürgens:
The Lost Special/Der verschollene Sonderzug
Englisch/Deutsch – wörtlich übersetzt –
72 Seiten, Format A 5, ISBN 978 – 3 – 94 33 94 – 15 – 3

Mark Twain/Katharina Jürgens:
The Thirty Thousand Dollar Bequest/Das Dreißig-Tausend-Dollar-Vermächtnis
Englisch/Deutsch – wörtlich übersetzt –
Format A 5, ISBN 978 – 3 – 94 33 94 – 17 – 7 (erscheint 2013)

Jean Fleury/Melanie Berl:
Jacques le voleur/Jacques, der Dieb
Französisch/Deutsch – wörtlich übersetzt –
58 Seiten, Format A 5, ISBN 978 – 3 – 94 33 94 – 19 – 1

Jules Verne/Melanie Berl: Le docteur Ox/Dr. Ox
Französisch/Deutsch – wörtlich übersetzt –
Format A 5, ISBN 978 – 3 – 94 33 94 – 23 – 8 (erscheint 2013)

Grazia Deledda/Alessia Valdarno: Una notte spaventosa/Die schreckliche Nacht
Italienisch/Deutsch – wörtlich übersetzt –
85 Seiten, Format A 5, ISBN 978 – 3 – 94 33 94 – 21 – 4

Miguel de Cervantes: Rinconete y Cortadillo/Rinconete und Cortadillo
Spanisch/Deutsch – wörtlich übersetzt –
Format A 5, ISBN 978 – 3 – 94 33 94 – 07 – 8 (in Vorbereitung)

Vicente Blasco Ibañez/Edeltraud Altinger:
La barca abandonada/Das verlassene Boot
Spanisch/Deutsch – wörtlich übersetzt –
Format A 5, ISBN 978 – 3 – 94 33 94 – 25 – 2 (in Vorbereitung)

Deutsch für polnische Leser:

Johann Peter Hebel/Sylwia Ragan: Der listige Kaufmann /Podstępny kupiec
Deutsch / Polnisch   – wörtlich übersetzt –
62 Seiten, Format A 5,   ISBN 978 – 3 – 94 33 94 – 61 – 0

Deutsch für französische Leser:

Johann Peter Hebel/Isabelle Schweitzer: Der listige Kaufmann/Le marchand rusé
Deutsch/Französisch – wörtlich übersetzt –
Format A 5,   ISBN 978 – 3 – 94 33 94 – 63 – 4   (erscheint 2013)

Reihe Standard-Übersetzung
– links Fremdsprache, rechts eigene Sprache –

Selma Lagerlöf: Tösen från Stormyrtorpet / Das Mädchen vom Moorhof
Schwedisch / Deutsch
Links Schwedisch – rechts Deutsch
111 Seiten, Format A 5, ISBN 978 – 3 – 94 33 94 – 05 – 4

Selma Lagerlöf: Tösen från Stormyrtorpet / The Girl from the Marsh Croft
Bilingual Reader – Swedish / English,
Left Side Swedish – Right Side English
106 Seiten/pages, Format/size A 5, ISBN 978 – 3 – 94 33 94 – 50 – 4

Harald Holder Verlag, Augsburg

www.holder-augsburg-zweisprachig.de